CHRONIQUES
DE L'OPÉRA.

Nouvelles publications en vente.

LES MÈRES D'ACTRICES, roman par Louis Couailhac, 3 volumes in-8. 15 fr.

LE DROIT CHEMIN, roman nouveau, de P. Bernard, 2 volumes in-8. 10 fr.

LA DUCHESSE DE MÉDINA CELI, roman historique, par la Comtesse O. D. 3 vol. in-8.

LA DUCHESSE DE GRAMMONT, roman historique, par la comtesse O. D., auteur des Mémoires d'une Femme de qualité. 2 vol. in-8. 15 fr. net, 10 fr.

L'HOMME DE LA NUIT par baron de Lamothe-Langon; 2 vol. in-8. 15 fr. net 10 fr.

BENEDITTO ET LA DAME DE TRÈFLE, par Charles Marchal, 2 vol. in-8. 15 fr. net 10 fr.

LE CLUB DE PINCKWISTES, roman comique, par Charles Dickens, traduit de l'Anglais, par Mme Eugénie Niboyet; 2 vol. in-8.

MÉMOIRES HISTORIQUES DE S. A. R. MADAME LA DUCHESSE DE BERRY, depuis sa naissance jusqu'à ce jour, publiés par Alfred Nettement; 3 vol. in-8.

MÉMOIRES DE SOPHIE ARNOULT, par le baron Lamothe-Langon; 2. vol. in-8.

VOLUPTÉ, par Sainte-Beuve; 2 vol. in-8.

LA JOLIE FILLE DU FAUBOURG, par Paul de Kock, 4 vol. in-12.

L'HOMME AUX TROIS CULOTTES, OU LA RÉPUBLIQUE, L'EMPIRE ET LA RESTAURATION, par le même auteur, 4 vol. in-12.

LA CROIX DE PIERRE, par Mardelle, 4 vol. in-12.

CLOTILDE, OU L'OUVRIÈRE ET LA MARQUISE, par E-Guerin; 4 vol. in-12.

LA FILLE DE L'OUVRIER, par Eugène de Massy, 3 vol. in-12.

CHRONIQUES

SECRÈTES ET GALANTES

DE L'OPÉRA

1667--1844

Par G. TOUCHARD-LAFOSSE

Auteur des Chroniques de l'OEil de Bœuf, des Réverbères, des Chroniques des Tuileries, etc., etc.

I

PARIS.

CHARLES LACHAPELLE, ÉDITEUR,
RUE SAINT-JACQUES, 38.

SCHWARTZ et GAGNOT, | DOLIN,
Quai des Augustins. | Quai des Augustins.

1844.

CHRONIQUES

DE L'OPÉRA.

Blois. — Imprimerie et lithographie de Ch. GROUBENTAL.

PRÉCÉDENS DE CE LIVRE.

Un éditeur de publications pittoresques, connu par sa compétence en littérature et par le bon goût dont il fait preuve dans l'exécution des ouvrages qu'il édite, m'écrivait le 14 janvier 1845 : « J'ai lu avec un grand in-

« térêt le projet que vous m'avez remis rela-
« tivement à *l'Opéra*. Le plan est bon, les
« divisions convenables ; et je regrette bien
« que des opérations dont la réalisation ne
« devait venir que dans un temps plus éloi-
« gné, et que je suis contraint de mettre à
« exécution immédiatement, me forcent d'a-
« journer celles qui se sont présentées les
« dernières. »

A l'époque où l'éditeur que je ne me crois pas autorisé à nommer ici, mais dont je conserve la lettre, m'écrivait ce que je viens de transcrire, je me proposais de publier, en deux volumes grand in-8°, illustrés, le livre qui paraît aujourd'hui, et le libraire auquel j'avais offert l'opération y avait associé ses intentions, avec l'expression d'une chaleureuse sympathie.

On pouvait espérer, en effet, d'exciter un vif intérêt en joignant au texte une suite de dessins exécutés par des crayons et des burins habiles, et qui eussent reproduit les fastes artistiques de l'Opéra, nuancés de ce que l'histoire secrète de ce théâtre offrit de plus piquant, depuis sa fondation jusqu'à nos jours.

Exécutée ainsi, cette composition eût été en même temps une galerie pour les yeux, une récréation pour l'esprit; une monographie palpitante de scènes, de situations, de portraits; un enchaînement de révélations peu connues : en un mot, c'eût été le soulèvement du dernier coin de rideau jeté sur la chronique secrète de deux siècles, sauf un seul pli de ce rideau laissé sur les scandales trop scandaleux.

Paraissant *d'abord* sous le format et dans les conditions d'une nouveauté, l'ouvrage a dû présenter d'autres divisions et un autre plan que ceux adoptés pour le grand in-8° projeté ; mais, avec une physionomie moins solennelle, peut-être le sujet aura-t-il acquis des allures plus franches, plus inhérentes à nos inclinations névralgiques. Il en est de ces inclinations, comme de certaines fièvres, que le médecin prolonge quelquefois pour détruire, par l'épuisement, le principe morbide qui les cause.

Je me suis d'ailleurs décidé à lancer, dès

que je l'ai pu, mes quatre modestes in-8° sur le rail-ways de la publicité, parceque l'éditeur des publications illustrées m'écrivait encore :
« L'idée est excellente ; elle sera exploitée si
« vous ne prenez les devants. » Mais pour n'être pas devancé dans le monde littéraire, au temps où nous vivons, il faudrait réellement procéder à la vapeur. Tandis que l'on étudie une idée, il arrive presque toujours qu'une fantaisie se jette sur ses traces, et lui dérobe en passant son manteau pour en revêtir sa petite nature miroitante. Le pressentiment de mon correspondant l'éditeur s'est réalisé : *l'Opéra* a été mis en exploitation par le mystère, ce qui pourrait bien prouver que je n'ai pas été assez mystérieux.

Quoi qu'il en soit, réduit à la nécessité d'invoquer la priorité de date, je dois profiter de cette occasion pour affirmer ici qu'il n'existe aucun rapport entre l'ouvrage dont voici la première moitié, et les *Mystères de l'Opéra* qui ont paru récemment. Les spirituels auteurs de ces compositions (car il y en a deux) papillonnent autour des actualités du théâtre lyrique : c'est le revers de son rideau au point de vue d'hier ; et je me suis proposé d'écrire l'histoire de l'Opéra à toutes les époques.

L'ouvrage devait donc, rationnellement, être intitulé : *Histoire de l'Opéra;* mais ce titre est si simple, si naturel, et l'on a si grand peur de la raison parmi la presque universalité des lecteurs! heureusement ce genre d'effroi leur est souvent épargné. Pour concourir à ce genre d'économie, et pour que mon livre soit au moins reconnu par son titre, j'ai adopté celui sous lequel il paraît.

G. Touchard-Lafosse.

L'OPÉRA

JUSQU'A LA RÉVOLUTION.

I.

LE SUJET A VOL D'OISEAU.

Il n'y a pas long-temps encore, nous faisions chère lie de gaîté moqueuse des *mystères* dont certains romanciers jonchaient leurs pages pour en aiguiser quelque peu la candeur : le mystère était honni dans les feuilletons, chansonné sur le théâtre, livré pantelant à la parade des tréteaux : c'était une balle que la critique jetait au sarcasme, et que le sarcasme renvoyait au ridicule. Honnête Ducray-Duménil ! que de pichenettes détachées sur le nez de ta petite réputation, pour le mystère qui s'était érigé en providence assidue de tes écrits... Repose maintenant en paix, lacrymal auteur de *Petit Jacques et Georgette*, le mystère est ressorti des gémonies où nos dédains l'avaient plongé : il en est ressorti avec *Malborough s'en va-t-en guerre*, avec les meubles à la Pompadour, les petits Amours tous nus, que Béranger a chantés peu congrûment, et mille autres fantaisies exhumées de ce pauvre dix-huitième siècle, que le nôtre n'admettait naguère qu'à titre de mauvaise plaisanterie fourvoyée à travers l'espace des temps.

Bien plus, le mystère règne décidément sur nous, et s'en prévaut avec une outrecuidance indicible, l'audacieux autocrate qu'il est. Ne nous gouverne-t-il pas la casquette en tête, le borgeron au dos, sous prétexte qu'une chemise de batiste et des gants paille suffisent pour révéler les plus exquises manières, sous la blouse d'un charretier... Vous voyez que l'hôte des vieux mélodrames, des vieux romans est bien changé : ce n'est plus ce mystère en bottes jaunes qu'on voyait se glisser, une lampe à la main, sous les voûtes de toile peinte de l'Ambigu très peu comique, aux beaux jours de monsieur Tautin : mystère sournois, qui frappait en traître et mêlait de la mort-aux-rats dans le vin de Champagne, pour faire périr l'héritière illustre, quand son serviteur fidèle arrivait trop tard pour lui crier, du plus creux de son *fa* de poitrine : *Ne buvez pas*. Le mystère ressuscité ne sauve plus les beautés innocentes, malheureuses et persécutées ; il les favorise d'une intéressante mixture de prostitution et de vertu, qui fait les délices des âmes fortes, et les âmes fortes sont en majorité par le temps d'inspirations excentriques qui s'en va courant. On ne voit plus ledit mystère éclairer de lueurs infernale la tour du nord des châteaux abandonnés, ni traîner des chaînes à l'heure fatale de minuit, ni faire apparaître de blancs fantômes sur les créneaux du manoir féodal. Vive Dieu ! nous lui avons bien donné d'autres allures... Et ne croyez pas, pour cela, qu'il soit moins noble que par le passé... Notre mystère est prince, entendez-vous... prince, tout autant. Mais la grandeur a ses caprices ; son altesse, en tournée européenne pour ses menus plaisirs, trône volontiers dans un bouge, aime à jouer à la canaille ; rien ne lui plaît comme de tirer la savate : elle excelle à passer la jambe ; et toutes les gentillesses coutumières aux forçats libérés s'étant impatronisées dans le domaine de la vogue, grâce à ce voyageur sérénissime, il y a plaisir à voir combien les demoiselles du beau monde se sont formées à parler l'argot des bagnes.... Oh ! le progrès.

Et ce progrès là mérite, sachez-le bien, toutes les admirations contemporaines : vous allez voir. On ignorait encore, il y a quelques années, tant l'instruction était imparfaite dans la société choisie, on ignorait l'art de crocheter une porte et d'obtenir l'empreinte d'une serrure : vous conviendrez que ceci manquait à l'éducation. Le maniement du *surin* (le poignard en langue vulgaire), n'était connu des dames françaises que par la lecture des *romanceros* castillans, rajeunis par notre littérature aux inspirations, ou plutôt aux imitations espagnoles. On croyait au stylet pendu à la jarretière des brunes andalouses, parce que monsieur de Salvandy nous affirme cela quelque part, et que cette assertion mythique s'est accréditée, malgré la dénégation des vainqueurs du Trocadéro, qui, leur chef suprême excepté, étaient parfaitement informés à cet égard. Mais nos belles compatriotes, qui ne veulent point la mort du pécheur, et qui n'assassinent qu'à coups de regards, n'auraient peut-être jamais su que leur sexe peut se faire un jouet très agréable d'une dague, si elles ne l'eussent appris par le robuste enseignement du mystère, que nous préconisons ici de tous nos efforts, afin de bien mériter du *Journal des Débats*, ce qui ne veut pas dire bien mériter de la patrie... Le gamin de Paris, ce lutin en bras de chemise qui, dans les jours ordinaires, se borne à vous apostropher d'un : *Oh! c'te tête, oh! c'te queue*, et, tout au plus, dans les journées d'émeute, s'essaie à tuer des colonels pour se faire la main au tir; ce gamin, dis-je, n'était pourtant pas assez caraïbe pour applaudir et crier *bis* en voyant massacrer, écraser, déchiqueter une femme par je ne sais quelle panthère à face humaine, que la nature ne créa jamais, Dieu merci. Eh bien ! toutes ces belles choses, qu'on ignorait ou qu'on redoutait, sont devenues, grâce au mystère, usuelles comme le potage et le bœuf au naturel. Quel principe, en effet, n'a pas sa conséquence, et quelle conséquence ne finit pas par être portée aux dernières limites de l'extrême? Raisonnons un peu : selon la morale ancienne, le crime révoltait ; il amuse, il intéresse aujourd'hui, quand la plume d'un écrivain en vogue le reproduit. Or, se récréer d'une action odieuse, c'est déjà la condamner faiblement. On ne dira jamais, je pense, il est essentiellement moral d'égorger son semblable ; mais le lecteur du feuilleton, cuirassé désormais contre l'atteinte des préjugés vulgaires, s'écrie, à l'aspect d'un assassinat proprement mis en scène: « Voilà le véritable intérêt, l'intérêt saisissant ; cela ranime, cela excite les sensations puissantes ; on se sent vivre de la vie des poètes. Qu'importe, après tout, les causes auxquelles ces grandes émotions sont dues ; le plaisir ne peut être criminel. Au dix-huitième siècle, la volupté s'enivrait du parfum des roses ; au dix-neuvième, nos fibres se contractent, notre imagination s'exalte en voyant la nuance plus vermeille du sang ; la génération est plus vigoureusement trempée, voilà tout... » Ne trouvez-vous pas cette conquête digne d'une couronne civique, et ne regrettez-vous pas qu'il manque à nos institutions un Capitole, où nous puissions porter sur nos bras les philosophes qui nous affranchissent jusque-là des spéculations d'une morale étroite?

Pour mon compte, je leur voue une reconnaissance expansive. Vous savez jusqu'à quel point les moralistes qui nous régentaient il y a vingt ans sous le filet des grands journaux, étaient devenus pointilleux touchant les chastetés littéraires : le Parc aux Cerfs, les deux Trianons, les petites maisons, le revers du rideau de l'Opéra, les deux heures de toilette d'une marquise du faubourg Saint-Germain, donnant audience en peignoir, au petit abbé ou au semillant colonel ; enfin tout ce qui constituait la grandeur de Louis XV et l'illustration de sa cour, ne pouvait se produire qu'avec une circonspection non moins collet-monté qu'une renommée galante en retraite à l'Abbaye-aux-Bois. L'histoire perdait beaucoup à cela, vraiment, elle qui forme son bagage de toutes pièces, ainsi que l'abeille compose son miel du suc de toutes fleurs. Alors, voyez-vous, la critique visait au professorat dans les séminaires, aspirait à s'asseoir au banc des marguilliers, et recevait la croix d'honneur au vu de trois billets de confession, comme un soldat de la vieille garde sur l'autorité de trois chevrons brisés. D'autres temps, d'autres mœurs ou plutôt d'autres ambitions : à présent que, selon l'expression d'un poète, nous rebrodons de vieux habits dont l'étoffe est toujours la même, quoique nous prétendions l'avoir tissée hier, la censure gourmée serait improductive, et l'excentricité des romans sous filet profite singulièrement à ses auteurs. Critiquer les livres serait une maladresse : le Feuilleton-Roman signalerait une concurrence ; il se verrait atteint dans sa double espèce de journal et d'in-octavo..... allons donc !

Et moi qui, sous le *veto* des moralistes de

la Restauration, n'osais vous raconter l'histoire secrète de l'Opéra, je vais vous la dire présentement : je déroulerai sous vos yeux cette chronique toute fleurie de scandales, toute pailletée de fortunes d'un jour, toute mélangée d'intrigues de cour et d'intrigues de coulisses : macédoine de superficies qui brillent ; parterre diapré de mille travers avoués qui ne manquent jamais de chalans ; bazar où l'on paie cher des perfidies dont on n'est pas dupe, et que pourtant on achète.

Ne vous attendez pas à lire ici de sombres bulletins ; je ne me félicite d'un peu de liberté rendue à ma plume que dans l'espoir de vous intéresser sans qu'il y ait mort d'homme..... Assurément, je suis trop l'ennemi des perruques dont mes contemporains pourraient me décerner un exemplaire, pour ne pas exalter jusqu'au huitième ciel, *le chourineur, la chouette, Tortillard, la louve et la goualeuse ;* mais ce sont des divinités que je révère sans prétendre m'élever jusqu'à leur olympe. Mon ambition est plus modeste : après les mets de laborieuse digestion que le *Journal des Débats* sert chaque matin au public, je lui offrirai les friandises de l'Opéra et de ses adhérences, plus multipliées, plus curieuses surtout qu'on ne se l'imagine, quand on ne connaît pas la riante topographie de ce pays des illusions. Il y aura aussi des mystères révélés dans mes chapitres ; mais ceux là ne seront pas lugubres. La jeune lectrice ne me devra que des songes fleuris; je ne vous montrerai de gens assassinés que par des prunelles noires ou bleues ; mes larrons seront du nombre de ceux contre lesquels la beauté sensible ne crie jamais au voleur ! et si, dans ma lanterne-magique aux mobiles et capricieuses exhibitions, apparaissent des personnages procédant à leur ruine avec une infatigable activité, vous les verrez s'acheminer vers l'hôpital en équipage à quatre chevaux. Il m'arrivera bien aussi de conduire mes héroïnes au For-l'Evêque, mes héros à la prison pour dettes, voire même à la Bastille ; mais dans mes esquisses allègres, point de menottes, point de camisolle, point de chaînes au sinistre retentissement : mes sentences seront gaies comme des vaudevilles du temps où le vaudeville était gai ; mes exempts emprisonneront avec une grâce exquise ; mes recors seront plus doux que des bergers de Florian ; mes geôliers mêmes auront des formes polies.

Je sais que tout cela va paraître passablement bucolique à une génération qui, depuis la paix générale, a contracté des inclinations essentiellement militaires ; j'ai quelque scrupule à parler de la période musquée comprise entre 1667 et 1789, quand tout ce qui m'entoure savoure la vie dans une atmosphère saturée des balsamiques émanations de la pipe (car le cigarre même est devenu trop innocent). Je crains fort que mon oiseau royal poudré à la Maréchale, et mes visages roses et blancs, toujours soigneusement rasés, ne provoquent le sourire dédaigneux de cette belle moitié de l'humanité, qui sur l'autorité du code Saint-Simonien, proteste avec énergie contre le rôle, trop étroitement féminin, que les vieilles conventions sociales lui assignent. Mais j'arriverai sur les traces de mon sujet aux robustes actualités qu'affectionne la beauté contemporaine, avec une notable addition de tenacité pudibonde, s'entend. Après vous avoir montré les danseuses d'autrefois, buissons mobiles de feuillages et de fleurs, magasins animés de gazes et de rubans, enivrants marquis prélats et fermiers généraux d'une ambroisie suspecte, dans leur olympe artistique, je produirai les couvées de grâces plus ou moins nouvellement écloses, qui, façonnées aux mœurs guerrières de notre pacifique époque, aguerries au dialecte du jockei-club et aux formes du steeple-chase, jettent sur nos lions à la luxuriante crinière les lacs de l'amour et même les chaînes de l'hymen. Aux Duthé, aux d'Hervieu, aux Guimard, aux Sophie Arnoult, aux

Saint-Huberti, succèderont les Clotilde, les Coulon, les Bigottini, les Chameroy ; puis ces sylphides aux ailes de papillon, qui, sorties du monde fantastique où le romantisme d'origine allemande les fait voltiger, ne conservent pas, je vous l'assure, la moindre petite velléité de s'envoler du toit diversement conjugal sous lequel s'écoule leur vie réelle, comparable à celle des plus honnêtes bonnetières du quartier Saint-Denis.

Voyez-vous comme on commence à prendre au sérieux les liaisons de théâtre ? N'en doutez pas, avant que deux lustres encore se soient écoulés, les continuateurs de la morale en action viendront s'inspirer dans les coulisses de l'Académie royale de Musique ; il y aura des prix Monthion pour rémunérer la chasteté des danseuses. Quant aux cantatrices, c'est de Rome, cette salle des pas perdus du tribunal céleste, que leur viendront les récompenses, grâce aux mélodies qu'elles font entendre à Saint-Roch, à Saint-Eustache, à

Notre-Dame-de-Lorette : à Notre-Dame-de-Lorette surtout, cette église paroissiale de l'opéra. Et qu'on ne vienne pas se récrier contre la dénomination : j'ai mes autorités et je les cite :

« Une grande partie de la clientèle de Notre-
» Dame-de-Lorette, dit un spirituel historien
» des rues de Paris, se recrute dans le théâtre
» de la rue Lepelletier. On y remarque encore
» les prie-Dieu, garnis de velours, de Thérèse
» et de Fanny Essler; les deux sœurs Dumila-
» tre, ces deux jeunes *ballons* de tant d'ave-
» nir, assistent régulièrement, chaque di-
» manche, à la grand'messe de midi ; ma-
» demoiselle Forster y montre deux fois par
» semaine son admirable profil de vignette
» anglaise ; et madame Stoltz ne crée jamais
» un rôle sans faire dire auparavant cinq ou
» six messes pour le repos de son succès.
» Comme on le voit, l'église Notre-Dame-de-
» Lorette pourrait, au besoin, troquer son

» nom contre celui de Notre-Dame-de-l'O-
» péra. »

Et naguère, quand la peinture achevait de décorer cette délicieuse église, l'ambre et le Patchouli des disciples d'Euterpe et de Terpsichore. (Qu'on me pardonne cette citation mythologique, à propos d'un asile sacré), mêlaient déjà leurs suaves parfums aux nuages de l'encens apostolique... Alors les dames de l'Opéra posaient dans la nef, et l'artiste peignait dans la chapelle ; voilà pourquoi tant de saintes des autels ressemblent, désinvolture comprise, aux pensionnaires de M. Léon Pilet. Il y a là des tuniques aussi décolletées et plus écourtées que celles jadis soumises à la réforme pudibonde de M. Sosthène de Larochefoucauld ; on se prend à désirer l'intervention de l'intendant des menus plaisirs, pour moraliser ici la maison du Seigneur.

Revenons au progrès du mystère investigateur qui, de nos jours, se plaît à explorer un monde composé par lui, au physique comme au moral, de fables et de vérités, de naturel et de caprice idéal. Les fastes actuels de l'Opéra ne pouvaient manquer de tomber à flots pressés, de cette cataracte ouverte au *servum pecus* par M. Eugène Sue : dans notre beau pays, pratiquez une toute petite issue vers quelque chose de nouveau ou de renouvelé, soudain on s'y jette par troupeaux, et nos moutons de Panurge n'abandonnent cette voie qu'après l'avoir rendue si vulgaire qu'on n'ose plus y passer, pour peu qu'on se respecte. Vous avez déjà des mystères de l'Opéra en partie double, parcequ'il y avait précédemment des mystères de Paris. Ces premières imitations m'ont paru gracieuses et légères comme les jolies nymphes qu'elles célèbrent; subtiles comme les jambes des danseurs qu'elles critiquent ; vraies comme les mythes *des Mille et Une nuits :* c'est de l'esprit à fleur du sujet qui ne pose pas plus sur le sol de la raison, que le pied de Carlota Grisi sur les planches de la rue Lepelletier. A la bonne heure : on déjeûne volontiers chez Félix avec des Meringues, pourquoi ne se composerait-on pas un repas d'intérêt avec des riens gentiment phrasés? Malheureusement, après les imitateurs viendront leurs copistes, puis les plagiaires de ceux-ci, puis cette tourbe écrivassière qui dégrade, dénanature, avilit les meilleures conceptions, pour en tirer quelques drachmes d'argent; car le prix de semblables travaux ne s'élève jamais jusqu'à la valeur d'une pièce d'or.

Ce n'est pas à travers les superficies de la vie lyrique, examinées sur son premier plan, que je me propose de promener d'abord votre attention : je vous l'ai dit, nous y viendrons; mais auparavant, j'espère vous intéresser à des points de vue lointains, à ces scènes du temps passé qui sont assez vieilles pour redevenir prochainement nouvelles.... Que dis-je, ne les remettons-nous pas depuis tantôt dix ans sur le métier de nos mobiles affections? J'attends, sur la tête des dames le *Pouf* haut d'un mètre, avec semé de fleurs, de fruits, de perles et population de petits oiseaux; j'attends les paniers qui, sous Louis XV, faisaient d'une réunion de femmes une combinaison de tours, comparaison gardée quant au système de défense; j'attends les habits aux basques fleuries, les gilets à paillettes, les talons rouges : il me tarde même de voir cela avec nos cheveux à la *malcontent* et nos barbes halliers, fumant à leur centre comme le buisson ardent de la Bible. J'attends, enfin, les bergers du Lignon décorant nos jardins, et les amours d'Estelle et Nemorin ornant le boudoir de la rue Laffitte. On ne peut disconvenir que le goût progressif de notre époque n'ait prodigieusement marché depuis quinze à dix-huit ans : vers 1825, nous en étions aux brassards, au cimier, à l'olifan d'Ogier le Danois; en 1830, à la bonne épée et à la dague du chevalier sans peur ; maintenant nous tenons déjà un pan de la robe de madame du Barry.... Vive la France ! pour s'ouvrir des routes nouvelles !

On me saura donc gré, je l'espère, de planter quelques jalons légers dans cette carrière où la trace de nos pères est effacée; car l'Opéra, c'était beaucoup plus qu'on ne pense, la société des XVIIe et XVIIIe siècles. Je ne sais pas en vérité un seul épisode historique du temps, auquel l'Opéra ne se soit pas combiné, un peu plus ou un peu moins : guerre, finance, diplomatie, église, tout s'imprégnait d'Opéra. Sophie Arnoult conseillait et organisait peut être les *Soubisades*. Louis XV n'eut à la cour de *cotillons* favoris que jusqu'au n° 5 ; le duc de Choiseul porta beaucoup plus loin le chiffre de ceux qu'il consulta à l'Académie royale de Musique. Qui n'a su que la danseuse Guimard tenait ordinairement la feuille des bénéfices confiée à l'évêque Jarente, et qu'elle favorisait rarement les vieux prétendans? Calonne, après la refonte des louis d'or, inonda vingt Danaé d'Opéra de cette monnaie appauvrie, et la plus chérie de ses maîtresses ne tordait en papillottes que des billets de la caisse d'escompte, avant l'époque où l'on portait à la cour des chapeaux *sans fonds*, comme cette caisse.

Si vous voulez suivre avec moi ce gros jeune prince, joufflu, au teint bourgeonné, que deux valets de pied soutiennent pour se rendre dans sa loge, tant la vitalité se montre exubérante en lui, peut-être pourrons-nous déviner ensemble pourquoi Louis XVIII donna plus tard la croix de Saint-Michel à la cantatrice Saint-Huberti, aux fou-rires redoublés d'une dame titrée, qui savait combien la grandeur princière cache quelquefois de misérables vanités.

Mais la révolution accourt, elle est venue : l'Opéra change entièrement de physionomie. Les grâces mythologiques s'envolent; l'Amour endosse un habit de grenadier ; Psyché se fait vivandière ; Jupiter chante la *Marseillaise*, Pluton quitte l'enfer pour entonner le *Chant du Départ*, et le corps de ballet exécute la charge en douze temps... Plus d'ambre, plus de musc sous le manteau d'arlequin ; on y brûle de la poudre à canon ; les nymphes de Diane ont des moustaches..... Et c'est alors surtout que l'Opéra s'infiltre dans le monde social : des choristes courent aux frontières ; Castor et Pollux deviennent chefs de bataillon ; le fougueux Renaud est fait général de la république, et ne cède aux enchantements d'Armide que le lendemain d'une victoire. Bien mieux, les actrices sont érigées en divinités républicaines par décret de la Convention nationale : voici la Raison.... la raison venant de l'Opéra ! Voyez, elle s'élance sur l'autel de Notre-Dame, d'un pied d'autant plus léger que cette raison-là est danseuse... Du pittoresque, en voilà, j'espère...

Nous y reviendrons ailleurs.

La Révolution était femme, et quelle femme

n'a pas accordé quelque chose à l'Amour. Celle-ci, disent les censeurs radicaux, accorda trop à Bonaparte, en lui donnant un empire. Au moment de ce riche cadeau, l'Opéra était redevenu à peu près ce qu'il avait été avant le grand essor national. Déjà plus d'une célébrité du lieu expiait sa participation trop ardente aux évènements naguère héroïques, maintenant criminels : Laïs faisait amende-honorable de son patriotisme calomnié; mademoiselle Aubry, préoccupée encore du mauvais parti qu'on pouvait faire à son ex-divinité, se cassait la cuisse dans le rôle de Minerve, en se plaignant avec amertume d'être sortie de son emploi.

L'Opéra, érigé par Napoléon en véritable Pachalik, reçut les lois d'un préfet du palais, sauf la loi financière : l'empereur aimait assez à se réserver une clé de certaines caisses. Les vétérans du *Journal des Débats*, qui fut le *Journal de l'Empire*, pourraient nous dire en faveur de qui cette clé réservée tournait dans la serrure de leur coffre-fort. Quant à l'Opéra, Sa Majesté, qui savait se rendre compte admirablement des produits et des dépenses, avait ouvert purement et simplement à la caisse de l'administration, une succursale du trésor impérial. Il y avait plaisir à voir la variété des porteurs de mandats qui se présentaient chaque matin au caissier du *Théâtre des Arts :* j'ai vu dans ce pêle-mêle de parties prenantes, des gens de lettres venant toucher les honoraires de leur servilisme rimé ; des militaires blessés complétant, sur la cassette emplie par les plaisirs, le prix du sang répandu pour la patrie ; d'élégantes beautés empilant, de leurs doigts effilés et blancs, des Napoléons d'or acquis par des services dont la désignation serait peut-être une calomnie ; enfin, voudra-t-on le croire, j'ai vu à la caisse de l'Opéra, deux évêques et un cardinal, faisant rétribuer leur grandeur apostolique du produit des roulades et des pirouettes qui damnent. Passe encore s'il se fût agi de payer les billets de confession que, quelques dix ans plus tard, on devait exiger des actrices pour être excommuniées avec plus de courtoisie.

Mais je ne puis tout dire dans une course à bride abattue à travers mon sujet.

Je ne signalerai donc maintenant ni les derniers reflets de la gloire impériale, brillant sur le théâtre de l'Opéra, la veille d'une invasion européenne, dans l'acte lyrique intitulé l'*Oriflamme*; ni la honteuse résignation du lendemain, chantant l'infortune du héros dont, quatorze années durant, l'Opéra avait célébré le génie et les victoires. Le Trajan de 1810 était devenu un Néron en 1814 : des vertus de l'empereur triomphant, la défection avait fait les vices de l'empereur tombé.....
Elle suivait la vieille ornière des opinions humaines.

Dans le cours du règne suivant, règne tout noir de soutanelles, emplissant l'espace naguère occupé par les uniformes rutilans de l'empire, pas un établissement dans la capitale, même parmi ceux consacrés au plaisir, ne put échapper à l'influence d'une dynastie qui voulait racheter ses péchés par le concours de notre pauvre nation, que les révolutions avaient déjà si cruellement flagellée, et qu'il eût été d'une meilleure politique d'aider à reconquérir ses prospérités. L'académie royale de musique eut sa part obligée de contrition pendant ce long jubilé : ce fut pour cette vallée des enchantements une époque de minutieuses réformes : Montrouge allongea les tuniques, réprima les gorges ambitieuses, limita l'essor des ronds-de-jambe, et imposa presque aux amours les intonnations du plain-chant. Au nom de saint Ignace on coupa les ailes de ces fripons volages, on moralisa la désinvolture des grâces : en un mot, les Basiles du jour éteignirent à demi les lumières prestigieuses de cette lanterne-magique, où sans l'illusion et ses plus excentriques fascinations, il n'est pas de réussite possible. L'Opéra succombait, rue Richelieu, sous la double atteinte de la musique française et de la discipline ultramontaine, lorsque, fuyant en sa qualité d'excommunié, le jet du goupillon qui bénissait son emplacement pour y bâtir une chapelle, il se réfugia rue Lepelletier :

> Tout meurtri des faux pas de sa muse lyrique.

Là, par bonheur, il s'opéra un revirement des deux causes qui tuaient le moribond : il fut permis à Rossini d'aborder, chez nous, la mélodie théâtrale, parcequ'il avait composé un bon nombre de motets; et la cour voulut bien, à quelques réserves près, permettre que le premier spectacle du monde redevint français par l'élégance, les grâces et l'enjouement.

Alors l'Opéra, à peu près restauré des désastres qui l'avaient accablé sous la Restauration, marcha d'un pas assez rapide vers le temple de la fortune, qu'il n'apercevait plus que dans un lointain désespérant; la vogue reparut chez son ancien favori, et souvent le

Scribe qu'il avait adopté eut à consigner de nouveaux succès. Pardonnez-moi, je vous prie, ce jeu de mots détestable, pour lequel l'auteur de *La Muette* et de *Robert le Diable* et des *Huguenots* ne me fera pas un procès.

J'aurai à vous entretenir aussi des bals de l'Opéra : oh ! ce sera vraiment une histoire tout entière ; ce sera, n'accusez pas ceci d'assertion ambitieuse, ce sera le miroir fidèle des mœurs si diverses qui ont nuancé notre civilisation mobile depuis un siècle... Allons, avouez-le de bonne grâce, vous êtes disposés à féliciter au moins ce bon régent si décrié, d'avoir ouvert, dans son palais même, une lice charmante à l'esprit français, en y introduisant la folie masquée. Suivez avec moi le progrès qui vient se réfléchir dans ce cadre. Voici d'abord la noblesse de 1715 à 1725, avec ses allures sans scrupules, ses vices exposés à nu comme les charmes qui les provoquent ; la voici avec son vernis de belles manières, sa crapule soigneusement blasonnée : on ne peut insulter le peuple en la prenant pour lui. Et dans cette fange jonchée de paillettes d'or, il y a licence de s'y plonger à loisir ; on ne cessera pas pour cela d'appartenir au monde illustre. — Voilà maintenant le bal de l'Opéra sous Louis XV : les travers ne s'y montrent plus qu'un masque sur le visage ; la malice n'y paraît qu'en domino rose. Les propos téméraires y ont cours, mais sous la livrée du bel-esprit : il faut savoir rimer ou avoir pu payer les rimes d'une déclaration impertinente pour la faire accueillir. Avec cette précaution, l'audace peut marcher à grands pas dans le pays de la galanterie : aux accents d'une suave mélopée, la beauté sensible laisse endormir doucement ses devoirs, hélas ! bien enclins au sommeil, depuis qu'on trouve le *sopha* et *les bijoux indiscrets* sous le coussin de tous les canapés. Que vous dirai-je, enfin, le seuil des petites maisons, que le pied des demoiselles d'Opéra franchissait seul naguère, grâce au bon accueil que l'amour clandestin recevait au seuil des hôtels, n'est plus la limite des condescendances titrées, quand on sait les y conduire à petit bruit. Cependant, entendons-nous : épitres téméraires et auditions indulgentes ; poésie effective et défense mollement soutenue, conservent ce *décorum* qui prête au scandale même une physionomie aimable... On a calomnié le XVIIIe siècle si l'on vous a dit qu'il ait vu les choses se passer autrement. Après cela, les dames de haut-lieu du temps avaient créé à leur usage, une doctrine exceptionnelle ; elles se disaient : « Si le coupable est marquis, on n'a pas dérogé, et c'est beaucoup ; si la faiblesse est descendue jusqu'aux *vilains*, il n'y a pas eu à cela la moindre conséquence : un mari même ne pourrait s'en fâcher..... Qu'ont de commun, même en se confondant, les soupirs plébéiens et ceux de la noblesse : cette passagère orgie du sentiment peut être comparée au caprice de ces duchesses qui, pour s'initier à toutes les récréations de la vie, font une excursion au cabaret des Porcherons ; si, par hasard, elles s'y enivrent, cela ne compte pas dans leurs égarements. »

Vous voyez bien que les bals de l'Opéra furent, jusqu'à la Révolution, les prolégomènes des plus jolies indignités du monde : on dansait peu dans ce tohu-bohu tout bariolé des mille nuances de la folie ; mais on y glissait beaucoup, et, chose étrange, les chutes qu'on y faisait ne blessaient que ceux qui ne tombaient pas. Ainsi, le Paris et le Versailles titrés, en agitant une marotte aux grelots retentissants, couvraient le bruit de la foudre populaire, que, moins insoucieux des réalités sévères qu'ils avaient ameutées contre eux, ils eussent pu entendre éclater sur leurs têtes. Un matin cette foudre, dès long-temps formée de justes ressentiments, brisa, avec le trône, notre vieux blason étiolé par les vices, dégradé par la vénalité des charges et terni par l'échec de Rosbach...

Quand le gouvernement consulaire rouvrit les portes de l'Opéra aux mascarades renaissantes, ce ne furent ni les mêmes travestissements qu'elles offrirent, ni les mêmes folies qu'on vit s'ébattre sous ces déguisements, ni les mêmes mœurs que l'on put étudier au milieu de ce tourbillon ; le plaisir même avait dépouillé ses vieilles livrées. Il s'était fait tour-à-tour sans-culotte pour danser sur les débris de la Bastille, Brutus pour pérorer dans les clubs, Athénien pour séduire les beautés grecques de la Chaussée-d'Antin, empressées d'accuser le nu dans les salons de Barras. En 1803, le vent de la vogue, ce vent qui gonfle toujours nos voiles, de quelque point qu'il souffle, poussait la jeunesse *incroyable* vers la lice guerrière..... de l'Opéra ; on n'y voyait aux bals costumés qu'élégants officiers de dragons, de chasseurs ou de hussards : jamais M. Scribe n'en a mis autant depuis dans ses vaudevilles... Tel clerc d'avoué, qui s'était soustrait obstinément à la conscription, faisait de l'héroïsme, rue Richelieu, sous un habit de général en chef; tel auteur dramatique, habile à chanter la gloire, avec l'aide de Mehul, mais qui s'était volontiers abstenu d'en user personnellement, faisait, à l'oreille d'une Lorette du temps, la conquête... d'un souper en tête-à-tête... Il n'y avait pas jusqu'aux jolies modistes des galeries de bois qu'on ne vît, en dépit d'une rotule légèrement tournée en dedans, se produire, sous le pantalon hongrois, le dolman, le colback ; et les airs militaires qu'elles prenaient sympathisaient assez avec leur désinvolture ordinaire. Mais dès que les premières lueurs de l'aurore faisaient pâlir la lumière des lustres, toute cette armée folâtre, tous ces états-majors brodés d'oripeaux prenaient leur volée. Et tandis que des bataillons sérieux traversaient la ville pour aller combattre en Allemagne ou en Italie; tandis qu'en tête d'un leste escadron, de beaux officiers, qui n'étaient pas des masques, saluaient de la main quelques beautés indiscrètement matineuses, aperçues sous le coin d'un rideau soulevé, les guerriers ou les guerrières du bal, s'ils n'avaient à compléter leurs exploits de la nuit, dormaient sous le tiède édredon, auprès de leurs longues moustaches, reposant sur la table de nuit.

Plus tard on voulut rappeler dans les bals de l'Opéra les plaisirs de l'ancien régime, que l'on recommençait à la cour des Tuileries, à peu près comme on avait joué sous le Consulat, aux mœurs martiales, sur le parquet du Théâtre des Arts. On vit reparaître, masqués ou non masqués, les pastourelles en bavolet de gaze, les bergers modelés sur ceux du Lignon. On revit ces petits amours imités de Boucher, qui, du temps de madame du Barry, s'étaient montrés infiniment plus sans-culottes que les patriotes de 93, et dont Béranger a chanté depuis la radicale nudité. Pêle-mêle avec cette pastorale, dansèrent, comme on dansait alors, c'est-à-dire en virtuoses de ballet, divinités payennes et Dieux scandinaves, arlequins et colombines, pierrots et pierrettes, malins et poissardes..... Jupiter, dans un avant-deux, faisait les yeux doux à une jeune bouquetière; Apollon, en balançant vis-à-vis d'Estelle, risquait une déclaration à la barbe de Némorin; tandis que le redoutable Odin, en faisant la chaîne-anglaise, serrait les doigts un peu rouges d'une marchande de poisson, et qu'Ossian, dans un dos-à-dos, donnait un rendez-vous à une blanchisseuse de fin, qui, pour mieux entendre, faisait chasser, hors d'à-propos, un Actéon, son amant ordinaire ou peut-être son époux... Il y a toujours eu beaucoup d'Actéon parmi les maris. Encore un mot sur les bals de l'Opéra, durant la période impériale : apparemment on tenait plus alors à montrer les formes académiques, (style d'artiste) qu'à observer les formes de la bienséance ; le domino obtenait peu de succès : ce déguisement était trop simple. Lorsque les sociétés se reconstituent, il est rare que la vanité ne leur conseille pas de briller, d'éblouir ; on prend l'éclat pour la dignité... il est si facile de s'y tromper : l'effet est le même. Et puis, dans le cours des années perpétuellement militantes qui venaient de s'écouler, l'intrigue s'était aguerrie ; la malice était devenue franche, le vice se piquait maintenant de sincérité : ne trouvez-vous pas qu'il y avait progrès..... pour une époque militaire, s'entend.

Mais il ne fallait pas, je crois, cheminer avec trop d'abandon sur cette route commode, débarrassée des fleurs de bien dire qui l'obstruaient quelque peu jadis, j'en veux bien convenir, mais qui couvraient de leurs nuances, un peu fades, si vous voulez, la positivité si souvent abrupte de la vie... Ils y a longtemps que nous avons déposé l'armure ; et les allures, le langage, le sans-façon des jours de guerre ont continué ; que dis-je ? il ont progressé. Si les derniers groguards de l'héroïque garde sortaient de la couche gazonnée dans laquelle ils dorment depuis vingt-huit ans, au Mont-Saint-Jean, nos voluptueux humilieraient, de leur barbe luxuriante, les sapeurs de ces phalanges d'élite, relativement imberbes ; nos écoliers de cinquième leur apprendraient à fumer, et les demoiselles du faubourg Saint-Germain enseigneraient l'argot à leurs tambours..... Mais je doute que les Lorettes du bal Saint-Georges, à grand' peine contenues dans ceux de l'Opéra, parvinssent à faire adopter aux vieux braves ressuscités cette danse qui doit rester innominée pour une plume décente..... Le plus hardi grenadier de l'Ile-d'Elbe deviendrait bégueule en présence d'un tel enseignement.

Je décrirai en temps opportun ce qu'on appelle aujourd'hui les bals de l'Opéra : il est dans la mission de l'historien des obligations qu'il ne peut éluder, quelque répugnance qu'il ait à les remplir... L'histoire, dans ses pénibles nécessités, peut être comparée à ces belles coquettes qui ne voudraient montrer que leurs charmes, mais auxquelles le médecin ordonne impérieusement d'exposer leurs infirmités. Lorsque l'esquisse des nuits échevelées du quartier Lepelletier devra prendre place dans ma chronique ; quand j'aurai à peindre toutes les nobles inspirations des grands compositeurs soumises aux caprices abruptes d'un orchestre infernal, pour accompagner, non la danse, mais le chaos tourbillonnant d'une cohue en délire ; lorsqu'enfin il me faudra essayer de vous faire croire à l'inimaginable dépravation de fantaisies qui peuple la délicieuse salle de l'Opéra de charretiers, de récureurs d'égouts et de chiffonniers ; alors, sans prétendre me placer à la *hauteur* de mon sujet, j'aurai soin de m'inspirer du Dieu qui préside à ces saturnales : j'irai les observer à travers les fumées du vin de Champagne, qui, du reste, est chargé de poétiser bon nombre d'autres productions, qu'on ne laisse pas de nous donner pour morales...

Je sens que, par une opinion si opposée

aux exemples de *belles manières* que nous donnons à l'univers, je vais ameuter contre moi toutes ces puissances autocratiques auxquelles le public dit chaque jour : « Vraiment, » messieurs, le bon goût sera ce que vous » voudrez... » Je prévois tout ce que j'assume de terrible responsabilité sur ma tête ; cependant, comme il serait possible que j'obtinsse l'assentiment d'une toute petite minorité de lecteurs, ayant encore foi au jugement de cette vieille radoteuse qu'on appelle la raison, j'essayerai, pour cette classe attardée dans la vie civilisée, de hasarder quelques mots d'explication, je veux dire de justification sur le livre que je publie.

Notre littérature tourne essentiellement au *cahout-chouc :* je ne l'apprends pas au public, encore moins aux infortunés exploiteurs des cabinets de lecture, contraints, par les arrêts de la vogue, d'acheter les compositions élastiques qu'ils qualifient, en soupirant, d'*ouvrages forcés*... Ce sera un curieux chapitre de nos annales contemporaines que celui des spéculations sur les œuvres de la pensée : il y aura grand plaisir à prendre au récit des mille subtilités, des mille chevauchements des concurrences, imaginés pour pressurer, égoutter, dessécher les réputations retentissantes.... Jamais l'esprit et l'imagination ne durent se manipuler, se laminer, se parfiler dans une aussi étroite filière. O Pascal ! combien ta presse hydraulique est restée loin de cet appareil.... Eh bien ! pourquoi pas ? de quels éléments, je vous prie, se forme la considération ? de centimes et de francs, réalisés en terres, en maisons, en usines. Or, puisque l'œuvre littéraire que l'on compose ne peut que rarement produire ce résultat, n'est-il pas juste qu'il se réalise par la marchandise littéraire que l'on vend... Honneur donc au génie du libraire (le mot est propre : il n'y a de génie réel que celui qui s'enrichit); honneur à la faconde heureuse qui double l'apport d'un livre, sans augmenter le prix de revient... Je déclare expédiens héroïques les quatre volumes fabriqués avec la matière de deux, les douze lignes à la page, les blancs de quatre doigts ingénieusement glissés dans les pages, sans le moindre prétexte de chapitre, depuis que les chapitres de six lignes ont été proscrits ; enfin, je trouve admirablement imaginées les *erreurs* de pagination qui font sauter le lecteur de la page 60 à la page 90 : ellipse d'une haute conception industrielle qui, seule, obtiendrait à l'inventeur une récompense nationale, au point de vue du mérite électoral.

Vous avez bien compris, je l'espère, que je n'ai cité tout ce qui précède qu'afin de vous dire que j'en suis le fervent apologiste, et pour attirer votre indulgence sur une pauvre petite histoire remplie de choses appartenant à cette infime nature humaine, repoussée aujourd'hui de la république des lettres par la sublime idéalité. Or, ayant à raconter les faits et gestes d'une société exceptionnelle, toute saturée de grâces, de talents, d'esprit, d'intrigues, de travers, de scandales même : mine féconde de vaudevilles et d'*ana;* corollaire encore inexploré des histoires morales, voire philosophiques d'une couple de siècles ; ayant, dis-je, à dérouler sous vos yeux ce tableau si varié d'aspects et de tons, est-ce donc trop oser que de vous demander un peu d'attention pour quatre volumes de 25 feuilles chacun, 22 lignes à la page, composés et édités selon la prosaïque habitude qui envoie les auteurs à *Sainte-Périne*, et les éditeurs aux *Petits-Ménages*, mourir d'une hydropisie de conscience, la plus incurable des maladies du siècle.

II.

ORIGINE DE L'OPÉRA.

C'était, parmi nous, une déplorable époque musicale, que celle où l'atrabilaire Louis XIII composait des *In manus* et des *De profundis*, pour égayer ses loisirs à sa manière, quand il faisait trêve à son étude favorite, laquelle consistait à s'orner la mémoire des noms de tous ses levriers. Si le délicieux air : *Charmante Gabrielle* remonte au règne du bon roi Henri, ce dont je doute fort, cette charmante petite étoile a brillé dans les plus épaisses ténèbres de l'inharmonie. On me dira que dès les premiers siècles de la monarchie Capétienne, le Languedoc et la Provence avaient leurs trouvères ; qu'un peu plus tard nos provinces septentrionales eurent leurs troubadours : on chantait, je le sais, dans les diverses idiomes de cette langue romane, qui n'était pas sans harmonie.... Mais quelle musique ! bon Dieu ! quelle languissante application de la précieuse découverte de Guy d'Arrezo ! Heureusement les châtelains du xie siècle n'étaient pas des dilettanti bien difficiles : une ballade, un lai, une sirvente, glapis, à leur table, sur un rhythme commun aux fêtes galantes et au lutrin, étaient accueillis par ces rudes batailleurs à titre de joyeuse récréation. Quant aux dames châtelaines, peut-être appréciaient-elles le beau ménestrel du regard plus que de l'oreille, et elles avaient raison; car rien n'était plus triste que la *gaie science*. Tandis que la musique parcourait l'Italie d'une aile légère, elle se traînait chez nos aïeux ; l'allègre *double-croche* animait depuis trois siècles la mélodie aux rives du Tibre et de l'Arno, et nos prétendus harmonistes s'endormaient encore dans la tenue d'une *ronde*. Je le répète, aussi tard que le règne de Louis XIII, nous pataugions en pleine barbarie musicale. Sans nous considérer comme parvenus à l'apogée de l'art divin, qui ne rencontre pas beaucoup de fibres sympathiques dans notre organisme, on conviendra du moins qu'il y a loin des trente-sept ou trente-huit notes que combina le fils d'Henri IV, aux compositions françaises d'Auber et d'Halevy. Cependant ce prince, à part même le servilisme des courtisans, passait de son temps pour un véritable *maestro* : réputation dont mesdemoiselles de Lafayette et d'Hautefort se moquaient un peu, elles qui savaient jusqu'à quel point l'inspiration manquait au royal compositeur..

Au XVIIe siècle, l'Opéra fournissait donc depuis trois cents ans sa carrière en Italie : quelques mots sur son origine. Dire que les anciens n'eurent pas d'opéras est une quasi-inexactitude : la tragédie grecque se composait d'une versification pompeuse, à laquelle la musique, la danse et même la peinture joignaient leurs séductions; or, que lui manquait-il pour ressembler à notre drame lyrique? rien, car les vers d'Euripide etaient *récités* avec des intonations approchant de la prosodie chantée....... Les italiens, au moyen-âge, n'ont pas inventé le récitatif : ils l'ont retrouvé. En 1440, Francesco Baverini fit représenter à Rome un opéra intitulé, *La conversion de Saint-Paul:* c'était un mystère; donc l'opéra peut se prévaloir aussi d'une origine sacrée, ce qui n'a pas empêché les acteurs lyriques d'être excommuniés comme les autres, tout en chantant des hymnes religieuses pour le compte du sacerdoce. Mais il faut en convenir, l'opéra eut de bonne heure des inclinations païennes : vers l'an 1480, on exécuta dans la ville sainte une tragédie en musique intitulée *Orfeo*, sans trop irriter le pape Sixte IV... Il est vrai que l'auteur des paroles était son neveu, le cardinal Riatti ; et le fameux Alexandre Borgia devait en passer bien d'autres à son fils, en supposant même que le prélat compositeur eût fait répéter les cantatrices.

On doit peu s'étonner qu'Alexandre VI ait eu un théâtre organisé, avec machines et décorations, et j'ai quelque idée que la musique n'était pas ce qui plaisait le plus à ce pontife dans les représentations scéniques, si des voix féminines la chantaient en sa présence. Léon X, sectateur fervent des beaux arts, comme tous les Médicis, protégea l'œuvre lyrique pour elle-même ; il entendit, dit-on, avec un grand plaisir la *Calendra* de Bibiena, exécutée devant lui vers 1515 ; mais tout amateur qu'il pouvait être, l'opéra, il faut se hâter de le dire, fut innocent de toute influence dans les tendances artistiques du saint père, cause première de la réforme luthérienne. Nous devons consigner ce fait, pour alléger d'autant le poids d'hérésie que l'opinion dévote fait peser sur les consciences lyriques.

Cependant l'orthodoxie romaine ne tarda guère à s'alarmer d'un genre de spectacle trop séduisant, trop voluptueux pour ne pas détourner les âmes de la voie du salut. Au milieu du XVIe siècle, Philippe de Néri, fondateur de la congrégation dite de l'Oratoire, voulut opposer une digue à cet envahissement d'un goût profane. L'annuler en Italie était difficile : le réformateur le comprit, et, ne pouvant tuer ce séducteur trop aimable de la foi orthodoxe, il s'appliqua à diriger vers la religion l'amour qu'il inspirait aux Romains. Philippe fit donc composer des intermèdes sacrés, que les plus fameux virtuoses de l'époque mirent en musique, et qu'exécutèrent dans l'église des oratoriens les premiers chanteurs de Rome. Ainsi prit naissance cette musique sacrée connue sous le nom d'*Oratorio*.

Tandis que ceci se passait à Rome, les essais de composition lyrique se multipliaient à Ferrare, à Modène, à Florence, sous la main de divers compositeurs, tels que Alfonso Dela Viola, Strigio, Malvezzi, Emilio del Cavaliere, Orazio Vecchi, etc.; mais l'art avait fait peu de progrès lorsqu'à la fin du xvie siècle. Trois seigneurs lorentins, Jean de Bardi, Pierre Strozzi et Jacques Corsi, prirent le drame chanté sous leur protection. Après un mûr examen des talens de l'époque, ils reconnurent un mérite éminent dans la *Dap'né* d'Ottavio Rineccini et de Giacomo Peri; cet opéra fut monté, avec toutes les recherches des arts accessoires, au palais Corsi, à Florence. Le grand duc de Toscane et toute sa cour assistèrent à la première représentation; le succès fut prodigieux. Ce n'est guère, en effet, qu'à partir de cette composition que le drame lyrique offrit les conditions qui le caractérisent : Rimeccini et Peri furent proclamés les créateurs du genre. Les mêmes auteurs composèrent l'opéra d'*Euridice*, qui fut joué, à Florence, à l'occasion du mariage de Marie de Médicis avec Henri IV ; on vit ensuite dans la même ville l'*Enlèvement de Céphale*, de Julio Caccini, puis *Ariane*, de Peri.

Tous ces opéras étaient écoutés avec transport, avec enthousiasme : on conçoit cet effet sur des imaginations italiennes; et pourtant cette sorte de délire était excité par d'infimes moyens, comparés aux splendeurs d'harmonie que développèrent ensuite les compositeurs italiens. Le récitatif, auquel nous accordons aujourd'hui si peu d'estime, le récitatif contre la monotonie duquel les dilettanti d'Italie cherchent des distractions, quelquefois pécheresses, au fond de leur loge, fermée d'une jalousie, occupa seul la scène lyrique jusqu'en 1600. Le premier air qu'on ait entendu au théâtre fut glissé timidement par Peri dans son *Euridice*.

L'Opéra ne s'établit à Venise, d'où nous l'avons tiré, qu'en 1630 : le premier ouvrage du genre qu'on ait joué dans cette reine de l'Adriatique, était l'*Enlèvement de Proserpine*, par Claudio Monteverde ; neuf ans plus tard, le signor Cavalli faisait représenter, à Venise, les *Noces de Pélée*.

A cette époque, la musique chantée au théâtre était encore, sinon méconnue, au moins inessayée en France ; celle qu'on exécutait dans les concerts avait tout le charme du plain-chant ; et de ces élémens artistiques qui se combinent aujourd'hui à notre grand Opéra, nos pères ne jouissaient que des intermèdes appelés *ballets*, dans lesquels les récits, le dialogue et la danse alternaient, pour varier les plaisirs du spectateur, mais sans ordre, sans goût, sans entente dramatique. L'italien Balthasarini apporta le premier quelque régularité dans ce genre de spectacle. En

1584, il composa le ballet qui fut exécuté à la cour pour les noces du duc de Joyeuse : ballet qu'on appela simplement comique sous le règne d'Henri III, et dans lequel la *gaité* était portée si loin qu'on ne le représenterait pas de nos jours devant une chambrée de demoiselles du domaine public.... Notez, je vous prie, que cet intermède avait été composé par Lachenaye, aumônier du roi. Il y avait, après tout, dans la pièce, quelques intentions d'opéra, hasardées par Beaulieu et Salomon, maîtres de musique alors très renommés. Au rapport de Lestoile, la représentation de cette œuvre informe coûta douze cent mille écus ; et sept ans plus tard, c'est-à-dire durant les Etats de Blois, il ne se trouvait pas dans la cassette royale de quoi expédier un courrier au duc de Mayenne.

Baïf, qui, comme on sait, s'était rendu en Italie avec une mission diplomatique, avait vu des opéras à Venise ; poète et musicien, il songeait à importer ce genre en France, en imitant, autant que possible, dans notre langue peu musicale, la prosodie italienne.... Mais il se laissa influencer par Ronsard, qui ne rêvait que reproduction grecque, ou *grégeoise*, comme il disait. Baïf composa des vers métriques, à la manière des anciens, les mit en musique, et fit représenter ses essais d'opéras dans sa maison du faubourg Saint-Marceau... La cour et la ville y bâillèrent d'une manière superlative, et personne ne dit à l'auteur :

Ah ! pour l'amour du grec, souffrez qu'on vous embrasse.

L'ennui avait posé l'éteignoir sur ces compositions malheureuses, quand les guerres civiles chassèrent pour longtemps les plaisirs de notre malheureuse capitale.

Lorsque ces troubles furent apaisés, grâce au pouvoir terrible de Richelieu, il fallait que la musique fût tombée bien bas en France pour que Louis XIII eût la réputation d'un compositeur habile. Le cardinal-ministre qui régnait en son nom, se croyait poète et se sentait peu musicien ; il travailla beaucoup le succès de *Mirame,* et le *genus irritabile* de son éminence nuisit autant qu'il put au *Cid ;* ce qui n'empêcha pas le premier de ces ouvrages d'être enterré avant son auteur, et le second de prendre le premier rang parmi les chefs-d'œuvre du Théâtre-Français. Peut-être aussi Richelieu boudait-il la musique, pour avoir accompagné la Sarabande un peu grotesque qu'un amour dont une jeune reine se moquait singulièrement, lui avait fait danser devant elle, en habit de baladin. Quoiqu'il en soit, ce grand homme d'État ne fit rien pour importer décidément l'Opéra en France. Il n'en fut pas ainsi de Mazarin, qui, par esprit national, devait favoriser la musique, quand même il ne se fût pas efforcé d'occuper le plus longtemps possible son jeune souverain de ses plaisirs, afin qu'il ne songeât pas trop tôt aux affaires de la monarchie.

Mazarin donc fit venir d'Italie une troupe

d'acteurs et de musiciens ; ces étrangers jouèrent, vers 1647, devant la cour, la *Finta Pazza*, comédie lyrique de Julio Strozzi. Selon l'usage, il y avait des danses dans cette pièce : le premier acte finissait par un ballet de singes et d'ours, le second par une danse d'autruches, le troisième par une entrée de perroquets: tels furent les prédécesseurs du roi de France et de ses favoris sur la scène dansante. vint ensuite l'*Orféo* de Zarlini, joué à l'occasion du mariage de Louis XIV, et dont le succès donna l'idée de composer des opéras français. Ce projet rencontra des opposants : on prétendait, avec quelque raison, que notre langue se prêtait peu à l'harmonie musicale ; Rousseau l'a passablement prouvé depuis ; mais l'abbé Perrin, qui composait alors son *Ariane*, que Cambert mettait en musique, soutint obstinément que cette opinion était un préjugé. La reine mère, le roi et le cardinal, devant qui cet opéra fut joué à Vincennes, donnèrent gain de cause à Perrin.

Dans le même temps, Vigarini, habile architecte de Modène, avait fait construire aux Tuileries un superbe théâtre et des machines d'une telle puissance, qu'elles pouvaient enlever cent personnes à la fois. Tout, du reste, y était disposé pour que rien ne manquât à la pompe du spectacle : charme de la musique, variété des décorations, beauté des costumes. Avec cette réunion de ressources, une troupe italienne joua dans la nouvelle salle *Ercole amante*, et ce fut dans cet opéra que le roi, la reine et les principaux seigneurs de la cour dansèrent pour la première fois. Ce ballet dut être plus goûté que les entrées de singes, d'ours et de perroquets de la *finta Pazza*. La danse théâtrale avait beaucoup plu au jeune monarque qui, sans s'inquiéter s'il ressemblait en s'y livrant à Néron, dont il connaissait très peu l'histoire, voulut qu'on lui fournît l'occasion de recommencer cet exercice. Benserade, poète accrédité de la cour, eut ordre de composer un ballet, que l'on se disposa à faire jouer au Louvre, dans la galerie des portraits. « On vantait, dit un mémorialiste » du temps, une magnifique décoration re- » présentant des colonnes de brocatelle d'or, » sur fond vert et rouge, découpées à Mi- » lan. » Mais un incident qui mérite d'être cité, ne permit pas à Benserade de recueillir la gloire qu'il attendait de cette magique représentation : la jeune reine Marie-Therèse, après avoir dansé sur le théâtre des Tuileries, avait été longuement réprimandée, par son confesseur, pour le plaisir qu'elle y avait pris ; elle promit au père de ne pas figurer dans le ballet du Louvre. Mais elle se faisait une grande joie d'assister au spectacle ; nouveau *veto* de la part du sévère directeur : « Ces convoitises, » lui dit-il, sont toutes diaboliques. » En ceci, malgré son éloquence, l'homme de Dieu ne put triompher ; or, il était jésuite, et ses pareils ne passent pas aisément condamnation sur quelque point que ce soit. Ne pouvant anéantir le désir qu'il avait combattu, il lui

restait un moyen bien simple, c'était d'anéantir le spectacle : quelques étincelles, tombées sur la belle décoration, la réduisirent en cendres. Avec elle brûlèrent les portraits de nos rois, peints par Janet et Probus, et le beau plafond de la galerie, chef-d'œuvre de Freminet. Le cardinal, déjà très malade, se fit emporter sur les bras de ses gardes, tandis que le roi et les deux reines, dont l'éminence moribonde s'inquiétait fort peu, regagnaient leurs appartements à la grâce de Dieu. En ce moment, on aurait pu voir le moine directeur se glisser, comme un noir fantôme, le long des murs du Louvre en se disant : « Ignace, mon
» vénéré patron, nous aurons encore raison
» cette fois-ci ; car demain je prêcherai sur
» le texte de cet incendie ordonné par Dieu
» lui-même pour avertir le cardinal qu'il
» n'approuve ni les jeux profanes du théâtre,
» ni les folles dépenses qu'ils occasionnent... »
Et lorsqu'il achevait de prononcer ces paroles, un reflet de l'incendie éclairait sur son visage

un sourire dont se fut enorgueilli satan.

Il y avait encore à Paris un personnage qui travaillait activement à nationaliser l'Opéra : c'était le marquis de Sourdéac, auquel on dut un peu plus tard le perfectionnement des machines de théâtre. En attendant, Benserade donnait toujours, par intervalles, quelques ballets qui amusaient et occupaient tout à la fois Louis XIV. En 1661, ce poète fit jouer les *Saisons* à la cour, tandis que Corneille faisait représenter, par les comédiens du Marais, sa très médiocre comédie de la *Toison d'Or*..... Un jour Benserade et mademoiselle Scudery, les *beaux esprits* de l'époque, devisaient malicieusement de cette pièce, devant Lafontaine, le *bon esprit* du temps.

— L'auteur baisse, dit avec fatuité le poète courtisan ; il serait fort à plaindre s'il n'avait que sa *toison* pour vêtir sa réputation.

— Charmant ! charmant ! s'écria la maîtresse de Pelisson en éclatant de rire... Mais riez donc aussi, ajouta-t-elle en voyant que l'illustre conteur gardait son sérieux.

— Je ne ris jamais de Corneille, répondit-il.

— Parlons de vos *Saisons*, reprit mademoiselle Scudery en s'adressant à Benserade... Je ne connais rien de plus aimable, de plus gracieux... Qu'en pensez-vous Lafontaine ?

— Ce que je pense du ballet des *Saisons* ?... On y grelotte : c'est un hiver en quatre personnes ; et monsieur serait bien heureux s'il avait seulement la *Toison* de Corneille pour réchauffer ses saisons.

L'observation du fablier était juste ; mais Benserade avait pour lui la faveur, qui n'a jamais tort.

La cour dansante figurait alternativement dans le ballet des *Saisons* et dans l'*Hercule amoureux* du même auteur. Celui-ci, à la suite des représentations, félicitait ou critiquait les nobles danseurs d'une manière qui paraîtrait de nos jours fort excentrique, pour ne pas dire plus; mais alors les muses avaient leur franc parler. Mademoiselle de Mancini, nièce du cardinal Mazarin, avait représenté une muse dans le ballet des *Saisons ;* voilà quel fut son lot rémunérateur :

> Cette petite muse, en charmes, en attraits,
> N'est à pas une inférieure;
> Aussi pas une jamais
> N'eut l'esprit et le sein formés de si bonne heure.

La future duchesse de Colonne trouva le compliment très délicat, surtout en considérant que mademoiselle de La Vallière, que l'infidèle Louis lui préférait, n'était pas à beaucoup près aussi favorisée qu'elle quant à l'objet le plus substantiel du panégyrique de Benserade.

Mais je doute que le jeune marquis de Villeroy, qui avait fait partie d'un quadrille de *plaisirs*, dans l'*Hercule amoureux*, fut aussi satisfait de ceci :

> La troupe des plaisirs était presque passée
> Alors qu'un jeune objet aimable, tendre et doux,

> Comme j'avais sur vous (Villeroy) les yeux et la pensée,
> Me vint dire à l'oreille, en me parlant de vous :
> Il est assurément le plus joli de tous,
> Et c'est en sa faveur que mon âme décide ;
> Mais fiez-vous à moi, me dit-elle, entre nous,
> Ce n'est pas un plaisir extrêmement solide.

Enfin, en 1667, l'abbé Perrin obtint des lettres-patentes portant permission d'établir une *académie de musique*, pour jouer en public des pièces appelées *opéras*. Il s'associa Cambert pour la musique, le marquis de Sourdéac pour les machines, et le sieur Champeron pour le versement des fonds nécessaires. La ville de Paris offrait alors peu de ressources en acteurs chantants ; on y trouva toutefois quelques sujets formés par une expérience de dix années ; on y joignit des chanteurs tirés des cathédrales du midi ; et la troupe fut complétée par tout ce qu'on put réunir de symphonistes dans les provinces méridionales. Cette société lyrique, après s'être exercée quelque temps à l'hôtel de Nevers, s'établit au jeu de paume de la rue Mazarine, transformé en salle de spectacle. C'est là que parut *Pomone*, premier opéra français qui ait été représenté en public. Les paroles étaient de Perrin, la musique de Cambert. Les acteurs qui remplirent les premiers rôles dans cette pièce étaient Beaumavielle, Rossignol et mademoiselle de Castilly. J'ai signalé l'*Alpha* d'une série d'illustrations lyriques, dont MM. Duprez, Baroilet, Levasseur, Massol, Poultier et d'autres encore, avec mesdames Stoltz et Dorus sont pour nous l'*Oméga*. Quant à la pièce, voici ce qu'en disait saint Evremont, dans sa comédie intitulée *Les Opéras* : « On voyait les machines » avec surprise, les danses avec plaisir ; on » entendait le chant avec agrément, les paro- » les avec dégoût. » Ce jugement, tout sévère qu'il paraît pour le poète, n'est que juste : Perrin, en voulant se faire l'imitateur du genre italien, avait offert aux musiciens de ces scènes décousues dont l'ensemble a reçu, plus tard, le nom de *libretto* : composé de lazzi incohérents, de pitoyables jeux de mots, et d'équivoques graveleuses, comparable aux rapsodies italiennes qui, sous Henri III, avaient été défendues par le parlement, comme ne contenant que des *paillardises*. Telles étaient pourtant les mœurs d'alors, que cette impertinence lyrique fut représentée pendant huit mois, avec un succès soutenu, et qu'elle valut à Perrin, pour sa part, trente mille livres.

C'est donc à l'abbé Perrin que l'on doit la fondation de l'Opéra; mais pour l'accomplir, il avait fallu de l'argent, que cet abbé n'avait pas, et le capitaliste Champeron n'en avait donné que sur la garantie du marquis de Sourdéac, l'auteur des machines. Or, à cette époque déjà, les muses étaient les très-humbles servantes de la fortune; le machiniste titré, sous prétexte des avances qu'il avait faites et dont Perrin n'avait pu le couvrir, s'empara du nouveau théâtre, dont il ferma purement et simplement la porte au fondateur, ainsi qu'au musicien Cambert. C'était un trait bien noir; mais il émanait d'un gentilhomme portant épée, et l'honnête Perrin ne portait qu'un petit collet, dont l'autorité apostolique venait même d'être singulièrement compromise dans les coulisses du nouvel Opéra. Il fallut déguerpir, emportant la pauvre *Pomone*, qui avait donné d'assez beaux fruits pour qu'on regrettât le terrain sur lequel ils avaient crû. Sourdéac chargea Gilbert de composer une pastorale, dont Lully fit la musique. Tel fut le début au théâtre (1) de ce *maestro*, de qui la renommée remplit le monde musical, pendant vingt années, et dont les compositions défieraient aujourd'hui les plus impérieux narcotiques de la pharmacopée.

Le premier opéra de Lully, maintenant oublié même de nom, produisit une vive sensation, quoique les paroles qu'il avait fait chanter fussent d'une désespérante fadeur. Le

---

(1) Lully avait composé de la musique pour les réjouissances données à Versailles, en 1664, sous la désignation de *Fêtes de l'Ile enchantée*, et dont mademoiselle de la Vallière était l'héroïne.

musicien, qui n'était pas moins italien par la subtilité que par le talent, vit tout de suite qu'il tenait à la main une boule fort belle à jouer ; il se dit quelque chose comme ceci : « Perrin s'est laissé chasser par Sourdéac, parce qu'une calotte est une mauvaise cuirasse contre une épée ; mais enfin l'abbé était et est encore possesseur d'un privilège constaté par lettres patentes. Ce privilège, je me le ferai céder facilement, parce qu'on abandonne volontiers ce qu'on ne pourrait conserver sans péril ; j'ai quelque crédit auprès de *Mademoiselle*, que j'ai fait rire quand j'étais page de sa chambre ; auprès de la marquise de Montespan, que j'ai fait rêver par ma musique tendre ; le privilége de l'Opéra me sera, je l'espère, transmis légalement. »

Lully n'avait pas trop présumé de son adresse : les lettres patentes furent réexpédiées en son nom. Il restait une difficulté à vaincre : l'Opéra était chez Sourdéac et Champeron ; il fallait donc jouer chez eux ; mais il paraissait difficile d'y jouer, comme le cardinal de Polignac traita plus tard chez les hollandais, sans eux. Le subtil musicien se frappa le front quelques secondes durant, pour en faire sortir un expédient, ce qui lui semblait plus difficile que d'en tirer un *andante* ou un *allegro*. Enfin, il crut avoir trouvé ce qu'il cherchait et se rendit à l'hôtel de Sourdéac.

— Bonzour, moussou lé marquis, dit le compositeur en abordant le gentilhomme, qu'il salua de manière à faire le plus grand honneur à la flexibilité de sa colonne dorsale.

— Monsieur Lully, vous êtes un faquin, répondit le marquis.

—Perqué cette colère, moussou le marquis?

—Il vous sied bien de le demander, quand, par ruse et fourberie, vous avez extorqué le privilège de l'Opéra....

— Extorqué n'est pas lé mot : bous abiez chassé Perrin dou lozis, à la pointe de bostre soulier, z'en ouvre la porte per y entrar dou bout dé ma baguette mousicale.

— Ceci veut dire, si j'ai bien compris, que vous prétendez jouer dans la salle de la rue Mazarine malgré moi.

— Diou m'en garde, *mio illustrissimo marquiso;* ma avec bostre assentimente.

— Ne l'espérez pas...

— Si fait, zé l'espère, et bous allez boir qué ce n'est pas sans raison... Bous abez imaziné, moussou, des machines souperbes et magnifiques; cela zoue à merveille à l'Opéra, ma pas aussi bien dans l'esprit de moussou lé marquis de Loubois, ministre de la guerre. Loui aussi, moussou de Loubois, aime à boir un zentilhomme français faire mouvoir des machines, ma sur lé champ dé bataille, non sous les zupes des chanteuses dé l'Académie dé Musique.

Sourdéac tressaillit; Lully continua.

— Et zé sais dé bonne parte qué moussou de Loubois sé propose dé bous faire opter entre les machines de l'Opéra et les machines à cinq sous par zour.

— Eh bien, je donnerai ma démission.

— Dé machiniste?

— De capitaine de dragons.

— Au moment où la guerre commence en Flandre, et quand il pourrait sé couvrir dé gloire devant l'ennemi, moussou lé marquis de Sourdéac sé couvrirait seulement d'ignoble poussière sous lé plancher dé l'Opéra.... Bous n'y avez pas réfléchi... Et pouis zé bous lé démande, qué ferez bous maintenant de bostre théâtre dé la roue *Mazarino*.

— Ce que vous ferez de votre privilège.... rien.

— C'est zouste, zé ne pouis pas zouer dans mon privilèze; mais zé pouis bâtir....

— Monsieur Lulli, nous ne sommes plus aux temps d'Amphion : toutes les ressources de votre harmonie ne mettraient pas deux pierres l'une sur l'autre, et votre baguette n'est pas celle des fées.

— Peut-être, moussou....

— Eh bien ! transigeons.

— C'est pour cela que zé benais, quand bous m'avez apostrophé d'un nom qué feu lé cardinal *Julio* a d'ailleurs illoustré, perqué c'est un compliment d'être appelé il *signor faquino*....

— Je suis charmé, monsieur Lully, que vous preniez si bien les choses, dit le marquis en tendant la main au compositeur ; après tout, nous pouvons nous entendre.

— Bous optez en faveur des machines dou champ dé bataille?

— Oui ; mais comme à les faire mouvoir il n'y a que du plomb ou du fer à acquérir, je veux tirer un peu d'or des autres machines.

— C'est dé toute zoustice ; associons-nous.

— Va donc pour l'association.

— En attendant que zé pouisse té chasser comme tou as chassé Perrin et Cambert, se dit à lui-même l'astucieux Florentin.

III.

L'OPÉRA SOUS LULLY ET QUINAULT.

Plusieurs mémorialistes fixent la fondation de l'Opéra, par l'abbé Perrin, à l'année 1669 : il y a, je crois, confusion de dates. L'Académie de Musique existait déjà en 1667, puisque, d'après des notions chronologiques certaines, l'Opéra d'*Isis,* par lequel débutèrent ensemble Lully et Quinault, parut en cette année, et fut joué sous la direction de Perrin. J'ai dit à la fin du chapitre précédent, que Lully obtint la cession du privilège de l'abbé fondateur, grâce à la protection de madame de Montespan ; or, cette protection dut être postérieure à l'apparition d'*Isis*, puisque la belle marquise, loin de se montrer bienveillante envers le compositeur florentin, avait monté une cabale contre cet ouvrage, prétendant s'être reconnue dans un des personnages de la pièce.

Cette susceptibilité, bien ou mal fondée, (arrêtez-vous à ce point historique intéressant), fut un trait de lumière pour les courtisans, toujours attentifs au lever des nouveaux astres sur l'horizon de Versailles; ils se dirent : « Une femme titrée qui ose cabaler dans un théâtre que le grand roi protège, doit occuper dans ses affections une plus grande place que lui : » ceci est d'une logique irréfragable; et l'on sait que pour avoir accès au cœur de Sa Majesté, il faut que la beauté se décide à s'y glisser par la porte des amours. D'où l'on peut conclure, sans un grand effort d'imagination, que des destinées bien glorieuses (toujours au point de vue des amours), se préparent pour Athénaïs de Mortemart, tandis que de graves vicissitudes menacent son mari. » Les courtisans avaient raisonné parfaitement juste : ce fut peu de temps après que le marquis fut prié de voyager pour sa santé, accompagné de six mousquetaires.... singuliers médecins, vous en conviendrez.

Lully, non moins pénétrant que messieurs du Petit-Lever, comprit qu'une antagoniste comme madame de Montespan pouvait faire périr sa fortune dans son germe ; il courut assurément chez elle, protesta de l'innocence du poète Quinault, qui, en effet, avait fait preuve d'une innocence candide dans *Isis* ; et promit à la nouvelle favorite, tant en son nom qu'en celui de son collaborateur, que, si elle daignait lui faire obtenir la direction de l'Opéra, lui et Quinault seraient jusqu'à extinction de chaleur poétique et musicale, ses très humbles serviteurs. Athénaïs de Mortemart, sans trop se faire illusion sur *sa gloire,* que Lully lui promettait de chanter, ne fut pas fâchée de s'assurer, au besoin, un panégyrique à grand orchestre ; et l'adroit Italien devint, comme nous l'avons vu, cessionnaire du privilège.

Dans sa transaction avec Sourdéac, Lully s'était montré Florentin et demi : au moment de cet accord, sa muse et celle de Quinault, sans l'abri que le marquis leur donnait rue Mazarine, eussent couché à la belle étoile ; mais le musicien se promit bien de les loger chez lui aussitôt qu'il le pourrait, et sous ce rapport son ambition était satisfaite dès 1672. Aidé par quelques capitalistes, il avait fait construire une salle dans un jeu de Paume rue de Vaugirard, congédié le marquis, et celui-ci, à peine de reléguer ses machines au grenier, s'était vu contraint de les transporter au nouveau théâtre.

C'est donc de l'année 1672 que date l'Opéra décidément et régulièrement constitué, soit que la première direction autorisée remonte à l'année 1667, soit qu'elle n'ait commencé qu'en 1669, comme l'ont rapporté plusieurs mémorialistes. Or, jusqu'à l'établissement de ce théâtre rue de Vaugirard, la muse lyrique de Quinault, trop inexpérimentée pour s'affranchir de ce qu'on appelait avec beaucoup trop de politesse les plans italiens, n'avait offert qu'un tissu péniblement ourdi d'épisodes sans cohésion, sans vraisemblance, à travers lequel toutefois on remarquait une versification étincelante de beautés. *Les fêtes de l'Amour et de Bacchus*, puis *Cadmus*, puis *Alceste*, qui parurent à peu de distance, en 1672, permirent d'espérer des compositions plus régulières, quoique ces opéras fussent encore défigurés par des scènes d'un comique trivial. Quinault comprenait parfaitement ce qui constituait le bon goût, sans oser l'observer : il craignait de déplaire au mauvais goût triomphant. Ne pensez-vous pas que, de nos jours même, une semblable crainte laisse triompher bien des absurdités érigées en conceptions sublimes. Et puis la poésie était assujétie en esclave à la musique; elle devait produire d'après une régularité comparable à celle du balancier d'une pendule. Pas un mouvement de style dont l'intention n'eût été mesurée à la baguette du compositeur; pas un couplet de quatre vers dont il ne se fût chargé de *trier* les mots et souvent d'indiquer les rimes. Ce fut pourtant du milieu de ces langes que l'auteur d'*Armide* parvint à faire jaillir des chefs-d'œuvre qui n'ont jamais été égalés, au moins quant à la véritable prosodie lyrique. Pour la musique, a dit un écrivain moderne, bon connaisseur en telle matière, elle « n'offrait point d'airs agités, point de contrastes dans les duos, point de morceaux d'ensemble : une musique traînante et criarde donnait le même coloris à tous les objets. Le chœur, toujours posé et placé sur le théâtre comme un buffet d'orgue, faisait résonner ses tuyaux au signal convenu. Travaillant pour ce genre de composition, le poète mettait toute l'action dans le dialogue ; la musique ne devait jamais se rencontrer que sur des maximes d'amour ou des quatrains sentencieux, placés selon l'idée du musicien. Lully commandait en maître à Quinault, qui lui fournissait ses ouvrages scène par scène. » (1)

Le premier payait au second cette marchandise poétique, à raison de quatre mille francs par opéra, en observant de mettre l'intervalle d'une année entre chaque fourniture.

C'est ainsi que les illustres associés marchèrent pendant près de vingt années, retenant de concert deux arts divins dans l'ornière d'une routine qui s'opposait à tout élan de pensée, et mettait un inflexible *veto* à toute

(1) *De l'Opéra en France*, par M. Castil-Blaze, t. 1, p. 46.

velléité de progrès. Tel qu'il était cependant, l'Opéra plaisait au grand roi à ce point qu'il plaça, en 1672, la profession de chanteur à l'Académie royale de musique au rang des états dans l'exercice desquels la noblesse ne perdait point de son lustre : « Tous gentils-« hommes et damoiselles », était-il exprimé par les lettres patentes qui confirmaient à Lully le privilège, « pourront chanter audit « Opéra, sans, pour cela, déroger au titre de « noblesse, ni à leurs privilèges, droits et im-« munités. »

A propos de cette disposition, qui ne fut pas appréciée par les vieux piliers du blason, on se disait tout bas à l'OEil-de-Bœuf, que Louis XIV n'était pas précisément désintéressé dans la promulgation de cet édit philosophique. Sa Majesté, prétendait-on, avait laissé tomber sur une cantatrice célèbre quelques étincelles de ces flammes épisodiques qui faisaient diversion à ses amours ordinaires. Mamoiselle de Castilly ravissait, depuis quelques mois, à madame de Montespan, des soupirs d'origine royale. Or, l'auguste soupirant, ne voulant pas qu'on pût dire qu'il s'abaissait jusqu'aux coulisses de l'Opéra, eut l'ingénieuse idée d'élever assez ces coulisses pour s'y introduire sans trop descendre : Voltaire a oublié cela dans les fastes du grand règne.

Le Palais-Royal était alors habité par monsieur le duc d'Orléans, frère du roi, qui, de ses appartements, pouvait passer dans la magnifique salle de spectacle élevée par le cardinal de Richelieu, tout exprès pour la représentation de *Mirame*. — Ce théâtre, où s'était évanouie obscurément cette prétentieuse composition, avait été depuis le berceau des chefs-d'œuvre de Molière : sa coupole retentissait encore du succès d'enthousiasme des *Femmes savantes*. Là, l'immortalité venait d'ouvrir à notre grand poète comique ses regions sans limites; la mort s'était cramponnée à lui au milieu d'un de ses triomphes : on sait qu'il commença à mourir sur le fauteuil du *Malade imaginaire*. Après cet événement, arrivé en 1673, Louis XIV daigna s'apercevoir que les représentations de *Cadmus et Hermione* souffraient d'un défaut d'espace, rue de Vaugirard; Lully fut autorisé à transférer son académie dans la salle du Palais-Royal... Ah! combien de grandeurs deviendraient lilliputiennes, si l'on se prenait une bonne fois à examiner les actions des hommes dans leurs causes secrètes... Chaque matin, au grand lever, on félicitait le roi d'avoir donné au sublime Opéra une scène digne de lui; et quelquefois le soir, Sa Majesté qui, nourrie dans le sérail, en connaissait parfaitement les détours, se rendait dans la loge de mademoiselle de Castilly, qu'il eût reçue difficilement à Versailles, parce que la vie des souverains, quoiqu'ils fassent, est toujours de verre.....

Il arriva qu'un soir, l'une de ces visites, que le monarque croyait très-mystérieuses, fut révélée à l'une des dames de la cour, qui se piquait le moins de mystère, même dans ses propres aventures.

Les loges des acteurs ouvraient sur un corridor ordinairement bien éclairé, mais dans lequel, par ordre supérieur, on entretenait une demi-obscurité, lorsque le pied royal devait s'y égarer. Vous savez qu'il est convenu que Louis XIV était un soleil; mais la lumière de cet astre allégorique n'éclairait que ses panégyristes, et plus d'une fois le Phœbus de Versailles faillit se rompre le cou dans ses excursions galantes. L'aventure que nous racontons n'eût pas cette gravité; seulement le roi, distrait ou préoccupé, prit une porte pour une autre. Les souverains entrent partout chez eux; pourquoi frapperaient-ils quand les clefs se trouvent aux portes? Louis XIV entra donc sans frapper chez la noble cantatrice..... du moins, il le croyait..... Mais que devint Sa Majesté, lorsqu'ayant pénétré dans la loge, il reconnut le chanteur Beaumavielle, que la maréchale de La Ferté achevait d'habiller en *Cadmus*, pour jouer dans l'opéra de ce nom.

Les trois acteurs de cette scène tout-à-fait inattendue, se regardèrent un moment en silence : l'acteur et son illustre habilleuse comprenaient fort bien qu'il ne leur appartenait pas d'ouvrir un entretien dont le royal survenant devait donner le ton. De son côté, le grand Louis XIV éprouvait un immense embarras. Une visite intempestive dans les casernes de Paris eût été interprétée à peu près ainsi par les gazettiers :

« Sa Majesté, toujours remplie de sollicitude
« pour ses braves soldats, qu'elle a si souvent
« conduits à la victoire (quand sa grandeur
« ne la retenait pas au rivage) les a visités hier
« dans leurs casernes. Le roi a goûté à leur
« soupe, mangé de leur pain, et les a laissés
« remplis de reconnaissance pour un tel témoi-
« gnage de sa bonté paternelle... » Mais jusqu'à l'an de grâce 1673, la grandeur souveraine n'avait pas pris un intérêt assez immédiat

à la gloire théâtrale pour justifier des visites dans les loges des acteurs ; et le roi s'y trouvant ce soir-là, ne pouvait guère dissimuler l'intention de visiter une actrice. Il se décida donc à rompre le silence sur le ton jovial.....

— Ah ! ah ! madame, dit Sa Majesté avec un sourire qui trahissait quelque peu son embarras, je ne savais pas que les héros de l'antiquité eussent des maréchales de France pour femmes de chambre : j'en félicite sincèrement *Cadmus*.

— Sire, quoique votre Majesté se soit trompée de porte, je n'en féliciterai pas moins *Hermione*, avec infiniment plus de raison, puisqu'elle a le plus grand roi de la terre pour valet de chambre.

En cet instant, la sonnette éminemment secourable du régisseur, en appelant Beaumavielle au théâtre, le dispensa de prendre part à la plus délicate conversation... Trop bien né pour s'excuser auprès du roi de le laisser dans son étroit chez lui, au milieu d'un désordre qui n'appartenait pas entièrement à la vie dramatique, il sortit en se bornant à s'incliner très bas devant Sa Majesté, qui ne fut pas fâchée d'avoir à continuer, à deux, un colloque qu'elle eût trouvé plus embarrassant à trois.

— Or ça, maréchale, reprit le roi, il est entendu que, sortie d'ici, vous ne vous souviendrez plus de m'y avoir vu.

— Votre Majesté peut compter sur ma discrétion : l'assurance lui en est logiquement démontrée.

— Par trop, madame : tous les conquérans aiment à se vanter de leurs conquêtes.

— En guerre, je le conçois, sire ; mais en amour, Votre Majesté accordera bien à la prudence d'une femme le pouvoir d'imposer silence à sa vanité sur la conquête d'un comédien ; car, ajouta la maréchale avec un sourire malicieux, qu'autorisait le lieu de l'entretien, si Votre Majesté a eu ses raisons pour décider que les acteurs nobles de l'Opéra ne dérogent pas, elle n'a pas encore déclaré que la noblesse des dames titrées pût se communiquer aux acteurs roturiers.

— Je m'en garderai bien; les dames de la cour feraient plus de nobles que moi. Puis, continuant sur le même ton nuancé de malice et de gaîté, le roi ajouta : Si je vous eusse rencontrée, il y a huit jours, madame la maréchale, sur le terrein équivoque où nous voici tous deux, je vous aurais, d'un accent bien triste, adressé mon compliment de condoléance sur la mort du pauvre duc de Longueville, tué l'an dernier au passage du Rhin; mais aujourd'hui ce sont des félicitations que je vous dois.

— Comment cela, sire ?

— Parbleu, rien de plus simple : ce petit Longueville, avec ses tendresses fractionnées, ne pouvait satisfaire, ni l'amour, ni l'amour-propre de personne. On disait l'autre jour, à mon petit-lever, qu'il laissait une vingtaine de veuves à Paris.... voyez combien chacune avait peu de son cœur.... Le vingtième d'une passion pour vous, madame la maréchale, c'était d'une parcimonie ridicule. Maintenant le financier Bechamel....

— De grâce, sire, ne le dites pas au comte de Tallard, et je promets de taire à madame de Montespan combien vous êtes sensible aux charmes de madame de Soubise....

— A ce compte, je m'engage à céler au gros Vivonne vos amours avec Bechamel.

— Et moi, à madame de Soubise, l'épisode de cette petite jardinière... Vous savez, sire...

— Très bien ; mais écoutez : il ne faudrait pas stipuler par écrit avec vos adorateurs.... J'aime assez à faire causer l'intendant des postes, et peut-être n'est-il pas aussi discret que moi sur le contenu des lettres.... Tenez, continua Louis XIV en tirant de sa poche un papier, voici la copie de certaine missive dont vous avez reçu cette semaine l'original.

Madame de La Ferté prit le papier que le roi lui tendait, et lut ceci : « Madame, on ne

» fait le bail des fermes que de neuf ans en
» neuf ans, et le paiement a lieu de quartier
» en quartier et par avance ; je vous en parle
» comme savant, y ayant bonne part, dont
» je ne me repends point, parce que cela
» m'a appris à vivre. Comme je suis donc un
» homme d'ordre, je vous dirai qu'il n'y au-
» rait pas moyen d'avoir commerce avec vous,
» si je ne savais comment il faut vivre ensem-
» ble. Je ferai un bail avec vous quand il vous
» plaira ; j'en fixerai le prix et les termes de
» paiement ; mais, après cela, n'ayez rien à
» me demander ; autrement il n'y aurait pas
» moyen d'y subvenir, et vous m'enverriez
» bientôt à l'hôpital ; ce qui serait aller trop
» loin pour vos beaux yeux. »

Après avoir lu cette copie fidèle de la lettre qu'elle avait en effet reçue de Bechamel, madame de Laferté, rouge jusqu'aux yeux, tomba anéantie sur le sopha de Beaumavielle ; il y avait tant de honteuse cupidité révélée par cet écrit ; c'était dépasser de si loin même les déportements du siècle que d'affermer ses charmes à un rustre, quand on était la femme d'un dignitaire que le roi appelait son cousin!... Malgré son audace ordinaire, la maréchale n'osait plus lever les yeux sur sa majesté.

— Allons, allons, madame, remettez-vous, reprit le monarque. L'amour qui n'est qu'un plaisir dérange quelquefois les fortunes ; ce n'est pas, après tout, un crime capital que d'en faire une affaire... Mais c'est un genre de négociation qu'il faut traiter verbalement. Ceci ne sortira pas d'entre nous, et M. l'intendant des postes a la mémoire oublieuse.

— Et la plume infidèle, sire ; il n'y a pas dans la lettre du financier la moitié des horreurs que je viens de lire... Il s'agissait seulement d'un prêt que ce traitant m'avait offert, et que je lui rappelais dans un moment de gêne.

— Sans doute, sans doute, je comprends... Et tenez, ma chère maréchale, pour vous prouver tout l'intérêt que je prends à vous, je veux faire légitimer par le parlement le fils que vous avez donné au duc de Longueville et qu'il a reconnu par son testament.

— Mais, sire, le maréchal ?

— Ceci ne le regarde pas...

— Ah ! j'y suis, s'écria vivement la dame, ceci ne regarde pas plus M. de Laferté qu'une autre légitimation ne regarderait Sa Majesté la reine Marie-Thérèse...

— Vous y êtes, en effet, madame ; le duc du Maine passera sur la planche posée pour le petit de Longueville... Ainsi, nous voilà liés par un intérêt commun, et les loups ne se mangent pas entr'eux... Restez-vous ici, maréchale ?

— Non, vraiment, sire.

Et les deux personnages si singulièrement réunis dans la loge d'un chanteur de l'Opéra, sous le bon plaisir de leurs travers réciproques, en sortirent ensemble. Dix jours après, le parlement, sur l'ordre exprès de Louis XIV, avait légitimé Longueville, l'enfant né au lit du maréchal de Laferté ; la planche était jetée; et le roi fut prévenu qu'il pouvait augmenter à son gré la famille royale.

Cependant l'Opéra de *Cadmus* et *Hermione* venait d'être très utile à la fortune de Quinault; plus d'un siècle avant Beaumarchais, on avait justifié le bon mot futur de ce spirituel écrivain en faveur du collaborateur de Lully : il fallait un *auditeur des comptes*, on nomma le poète lyrique. Il savait au moins *compter* des syllabes. Toutefois ce ne fut qu'en triomphant d'une opposition obstinée de la part des fonctionnaires qui allaient devenir ses collègues qu'il obtint sa nomination ; cette difficulté donna l'idée du quatrain que voici :

> Quinault, le plus grands des auteurs,
> Dans votre corps, Messieurs, à dessein de paraître;
> Puisqu'il a fait tant d'auditeurs
> Pourquoi l'empêchez-vous de l'être.

Cadmus avait été représenté un soir à la cour ; après le spectacle, le roi fit appeler les auteurs dans ses petits appartements, où l'on jouait. Il remit à l'un les provisions d'auditeur des comptes, tandis que Sa Majesté annonçait à l'autre qu'elle le nommait surintendant de sa musique. Louis XIV invita ensuite gracieusement Lully et Quinault à prendre part au jeu, puis au *média noche* que le valet de chambre Bontems improvisa ce soir là sur de petits guéridons, que l'on apporta tout servis. Le roi était en veine de générosité : après avoir félicité son attentif serviteur sur la collation quasi magique qu'il venait de produire, ce prince, lui dit : « A propos, il » faut enfin, Bontems, que je te paie les pe- » tits soupers dont tu m'as fait l'avance de- » puis douze ans ; » et, retournant le valet de cœur, Sa Majesté écrivit dessus au crayon, un bon de quatre cent cinquante mille livres qu'elle remit à l'enchanteur des petits appartements. Lorsque le *Quinola* rémunérateur fut apporté à la cour des comptes, il est probable que Quinault ne s'opposa pas à l'admission de cette étrange pièce de comptabilité.

Les récompenses sont de puissantes fées : celles accordées à Quinault et à Lully enfantèrent des merveilles à l'Opéra. M. l'auditeur des comptes commença à faire admettre sa volonté pour quelque chose dans la composition du drame lyrique ; il s'insurgea plus d'une fois contre la tyrannie des notes, et déclara un beau jour qu'il entendait avoir licence de suivre les lois du sens commun. De son côté, le compositeur, dont les accompagnements avaient été d'abord extrêmement simples, parceque son orchestre était très faible, augmenta les difficultés à mesure que les exécutants, qu'il formait avec un soin assidu, devenaient plus habiles. Mais l'enseignement était terrible pour les élèves : le moindre son hasardé dont le maître découvrait l'origine, faisait un fort mauvais parti au coupable; heureux s'il en était quitte pour les épithètes, de *huron, d'âne, de bestial,* et autres apostrophes pareilles, enfilées dans un *cres-*

cendo d'injures et d'intonations furibondes. Il arrivait souvent que l'irascible professeur, joignant le geste repressif au reproche, donnait rudement de sa baguette sur les doigts des délinquants, sans égard ni à leur âge, ni au rang qu'ils tenaient à l'Académie royale de musique. Un jour, le musicien placé derrière Lully, eut le malheur de produire sur sa chanterelle criarde, un *sol* plus que douteux ; furieux, le surintendant se retourne, et saisissant à bout de bras l'instrument même qui vient de faillir, il en fait l'instrument de sa vengeance, en le brisant sur le crâne du pauvre musicien. Heureusement, la tête était dure et le violon avait peu résisté : il ne résulta de leur brusque contact qu'une légère contusion. Mais l'honneur du corps musical était atteint ; un murmure général s'élevait de l'orchestre ; Lully comprit qu'il était temps de conjurer une tempête qui pourrait devenir fatale à l'opéra d'*Athis*, qu'on répétait en ce moment. « Pardon, mon brave camarade,

« dit-il, en tendant la main au porteur du
« crâne tuméfié, zé né souis pas lé maître de
« mon premier mouvemente, quand on in-
« soulte la mélodie. Ma z'ai tout de souite re-
« gret de mon emportemente. Z'espère qué
« zé né bous ai pas fait oune grande bles-
« soure... boyons. » Et soulevant avec délicatesse entre le pouce et l'index, la perruque monstre du violoniste, il exposa à nu un chef entièrement dépourvu de végétation capillaire, et que Dieu semblait avoir coulé dans le moule des potirons. Si le miroir de l'honnête musicien avait jamais soumis sa tête à son propre jugement, il dut être plus humilié par l'acte de sollicitude du *maestro* que par l'action brutale qui l'avait précédé.

Quoiqu'il en soit, Lully emmena son subordonné déjeuner avec lui, le flatta, l'enivra, puis, lui mettant sous le bras un violon dans son étui, le renvoya heureux d'avoir été battu. Lorsque notre symphoniste fut dégrisé, il ouvrit la boîte qui renfermait l'instrument :

c'était un stradivarius. Le cadeau valait un millier d'écus ; mais Lully avait sauvé *Athis* du naufrage.

Cet Opéra fut joué, en 1676, avec un succès dont on n'avait pas encore vu d'exemple, même à l'apparition des chefs-d'œuvre de Molière et de Racine ; car, il faut le dire en passant, les grandes productions du génie n'obtiennent que tardivement l'approbation générale. Ces nobles enfants de l'imagination signalent une hardiesse de conception sublime pour les uns, monstrueuse pour les autres ; il faut que l'examen et la réflexion aient confirmé les jugements, toujours trop passionnés de l'enthousiasme, en émoussant les traits de la prévention sur l'égide d'une saine critique, pour que l'œuvre soit classée selon son mérite. Plus heureuse, la création seulement agréable conquière tout d'abord les naturels faciles à séduire, et l'esprit frondeur dédaigne de s'y attacher. S'insinuant dans nos goûts, qui croient s'en jouer, la médiocrité les enlace, s'en rend maîtresse, les ameute contre toute rivalité redoutable, et finit par faire emboucher à la vogue, cette puissance dont les arrêts sont des caprices, les trompettes ravies subtilement aux légitimes renommées. Ainsi en fut-il d'*Athis :* cette pièce, où la poésie se produisait fort décolletée, comme on dirait aujourd'hui, rencontrait dans le public un penchant à la galanterie que le bigotisme nouveau de la cour avait fardé d'hypocrisie, sans affaiblir son empire. Cet Opéra fit tourner toutes les têtes, et le moindre mot de blâme, hasardé dans une telle euphonie apologétique, eût fait lapider le dissident mal inspiré. Les champions d'*Athis* ne se montraient pas moins disposés à l'extermination, en 1676, que, de nos jours, les prétoriens de Victor Hugo à la représentation d'*Hernani* ou de *Ruy-Blas* ; et quoique infiniment moins barbus que ces derniers, ils faisaient, au Théâtre du Palais-Royal, une police aussi sévère.

Cependant Boileau, retranché dans son cabinet, frappa d'anathème cette école enchanteresse, où les jeunes demoiselles venaient apprendre, avec accompagnement de basses et de violons, que

> Il faut souvent, pour être heureux,
> Qu'il en coûte un peu d'innocence. (1)

Le poète satirique atteignit d'un vers réprobateur ce dangereux enseignement,

> Et tous ces lieux communs de morale lubrique
> Que Lully réchauffa des sons de sa musique.

Despréaux avait raison en cela ; mais *summum jus summa injuria :* lorsqu'il refuse toute inspiration poétique à Quinault, le Juvénal français n'est plus qu'un libelliste que l'envie dévore. A l'époque où sa critique amère parut, l'Opéra n'avait point encore de lois ; le musicien et le poète cherchaient des effets, et

---

(1) Vers de l'Opéra d'*Athis*.

rarement l'art se livre à cette recherche sans rencontrer ou les extrêmes ou le mauvais goût. Ni l'écrivain, ni le compositeur ne saisissaient, faute d'expérience, la juste mesure d'empire que les paroles et la mélodie doivent exercer réciproquement ; ni l'un ni l'autre ne calculaient logiquement les efforts à tenter, les sacrifices à faire pour que la partie active du drame se fît largement sentir dans la disposition du poème, dans le récitatif, et pour que les sentiments, depuis leurs plus suaves accents jusqu'aux plus orageuses explosions de la passion, fussent exprimés par le chant. Or, à la fin du xviie siècle, les Français ne pouvaient rien emprunter à l'Italie en vue d'obtenir cette proportion désirable.

L'action dramatique, à Florence, à Venise même, était un simple accessoire de l'Opéra, et le sentiment devenait ce qu'il pouvait sous la baguette du musicien. Quinault et Lully reconnurent dès le début de leur carrière, qu'ils avaient d'autres conditions à remplir chez nous : ils comprirent qu'il fallait créer un genre qui pût en même temps séduire l'oreille et émouvoir le cœur d'un public impressionnable dans toutes les parties de son organisme; et cela sans le plus sûr des émulateurs, la concurrence.

Depuis que les auteurs de *Cadmus*, *d'Alceste* et *d'Athis* occupaient la scène à l'Académie royale de musique, personne n'osait la leur disputer ; le progrès devait surgir ici de l'exclusion même que l'auditeur des comptes et le surintendant de la musique du roi s'étaient assurée; aussi ce progrès se réalisait-il lentement. Il y avait dans l'imagination de Quinault plus de trésors poétiques qu'il n'en fallait pour élever le drame lyrique à l'apogée où la comédie, sous la plume de Molière, et la tragédie sous la main de Corneille et Racine, étaient dès-lors parvenues; mais Lully ne put suivre son collaborateur à ce point d'élévation, auquel nul écrivain n'est arrivé depuis, parceque, nous le disons sans la moindre hésitation, aucun n'a possédé au même degré que Quinault, l'heureuse combinaison de puissance, de chaleur, de grâce et de naturel qui convient au poëme chanté. Si Quinault et Gluck eussent été contemporains, l'Opéra, avant la fin du XVIIIe siècle, eût atteint une perfection que le goût respecterait encore, même au milieu du tintamarre musical qui couvre souvent, de nos jours, le défaut d'inspiration du poète et du compositeur.

Les arts auxiliaires de l'opéra, la peinture et la danse, (nous dirions aujourd'hui les arts conservateurs) contribuaient peu aux splendeurs de ce spectacle aussi tard que 1680. Ces magiques effets produits à la scène par les Daguerre et les Cicéri, devaient être ignorés longtemps encore ; que dis-je, à l'époque où Lebrun écrivait, de son sublime pinceau, plus d'un poème sur les plafonds de Versailles, quel artiste n'eût pas cru déroger en peignant les toiles de l'Opéra. La manie du temps, le genre *admiratif*, despote exclusif et hautain, voulait la peinture, comme les lettres, comme la musique, guindée sur des échasses. L'exécution des décorations, abandonnée aux peintres en bâtiments, n'offrait qu'un mélange de couleurs dépourvu de perspective, dans lequel, pour les intérieurs, la dorure prodiguée, le marbre grossièrement figuré, et force guirlandes de roses appendues en festons, ou serpentant autour des colonnes, devaient suppléer à tous les prestiges de l'imitation ; tandis que pour les jardins, les champs, les forêts, des touffes de fleurs, semées à profusion sur les surfaces, étaient chargées d'en déguiser le mauvais dessin et la platitude. Tout cela était mal éclairé par d'ignobles chandelles, qu'il fallait moucher à chaque instant. Or, cet expédient laissait entrevoir un goujat, une paire de mouchettes à la main, dans le palais des rois ou dans l'olympe même : agent crasseux dont l'habileté, devenue proverbiale, ne rachetait pas la complète désillusion résultant de sa fréquente intervention.

Quant à la danse, l'Opéra en était encore a l'enfance de l'art : les ballets qu'on y exécutait ne pouvaient même être comparés à ceux de la cour. Vers ce temps, on vit au château de Saint-Germain une danse figurant le jeu de piquet : rois, dames, valets et basses cartes frisaient la jambe à qui mieux mieux dans ce divertissement singulier, qui amusa beaucoup le roi et causa une grande jalousie à Lully. Je vous ai dit ailleurs que les dames et demoiselles de bonne maison, ainsi que les grands seigneurs et le roi lui-même (1), dansaient sur les théâtres de la cour dès l'année 1661. Elles se donnaient ainsi en

---

(1) Depuis la première représentation de *Britannicus*, le roi ne dansa plus dans les ballets de la cour ; les vers suivants avaient porté coup :

> Pour toute ambition, pour vertu singulière,
> Il excelle (Néron) à conduire un char dans la carrière,
> A disputer des prix indignés de ses mains,
> A se donner lui-même en spectacle aux Romains,
> A venir prodiguer sa voix sur un théâtre,
> A réciter des chants qu'il veut qu'on indolâtre.

spectacle devant un public qui, pour être choisi, n'en était pas moins critique, frondeur et malin. Ces nobles beautés ne se faisaient pas le moindre scrupule de livrer à l'examen le plus minutieux, non-seulement leurs grâces et leurs charmes, que Benserade célébrait avec une grande licence poétique, mais encore les défauts dont la nature avait mélangé leurs attraits, ou les traces que la galanterie y avait imprimées. Eh bien! ce ne fut qu'en 1681, que les femmes livrées par profession au soin d'amuser le public (1), se décidèrent à figurer dans les ballets de l'Opéra; elles avaient obéi jusqu'alors à une réserve dont les comtesses, les marquises et les princesses s'étaient affranchies.

Lully, revenu de Saint-Germain, où il avait vu danser le jeu de piquet, fit composer en

(1) Avant Corneille on n'avait point vu de femmes sur la scène; les rôles qu'elles ont joué depuis étaient remplis par des hommes. Mademoiselle Beaupré est une des premières actrices qui aient paru.

toute hâte, un ballet intitulé : *le Triomphe de l'Amour,* dans lequel des danseuses devaient paraître; ce fut une amélioration importante. Les perruquiers de l'Opéra s'en réjouirent : comme ils avaient entrepris à forfait tout ce qui concernait leur état dans ce théâtre, ils virent leur besogne singulièrement diminuée, lorsqu'ils furent dispensés de faire la barbe aux grâces et à Vénus.

L'effet immédiat que produisit cette innovation fut de doubler le débit des lunettes d'approche; mais ce ne pût être que dans l'intérêt d'une admiration galante; car la danse des dames ou demoiselles gagées ne fut ni plus savante, ni plus animée que celle précédemment exécutée par les nymphes que l'on rasait. La partie chorégraphique, sur la scène de l'Opéra, se borna longtemps à des danses sans grâce, sans légèreté, sans dessin : espèce de *meli-melo*, où des jambes inhabiles s'enchevêtraient lourdement; tandis que les bras s'arrondissaient avec affectation; de telle manière que c'était encore un spectacle fort monotone que les ballets, quand Panard disait :

> Dans des chacones et gavottes,
> J'ai vu des fleuves sautillants ;
> J'ai vu danser deux matelottes,
> Trois jeux, six plaisirs et deux vents.

Les décorations et la danse étaient donc, comme je viens de le dire, d'une candeur toute primitive en 1681 ; mais au moins pouvait-on comprendre ce que les décorateurs avaient voulu faire et ce que les danseurs prétendaient exécuter. Mais les costumes ne donnaient l'idée d'aucune intention. Les Dieux et les héros étaient habillés de drap d'or, de taffetas ou de satin rose, bleu, vert, couleur feu, bouillonné comme une fraise de veau, et d'où s'échappaient mille flocons de rubans. De la partie inférieure du magasin de nouveautés que j'essaie de faire entrevoir à mes lecteurs, sortaient deux jambes plus ou moins pourvues de mollets, souvent postiches, chaussées de soie, et se terminant par des pieds couverts d'amples bouffettes. Avec cela, Jupiter, Hercule, Apollon, les Grecs, les Romains, les héros du Tasse, portaient l'énorme perruque du temps; et rien ne manquait à l'ensemble grotesque de l'accoutrement, lorsqu'un casque était posé sur ce buisson de cheveux. L'habillement des femmes, fatras encore plus bizarre, présentait une macédoine de tout ce qui leur tombait sous la main. A une époque où l'on comptait déjà tant de grands peintres, il n'était venu à l'idée de personne d'aider les acteurs à rechercher l'imitation dans le costume historique ou mythologique. En un mot, ces artistes, ne sachant comment vêtir les personnages qu'ils représentaient, ne prenaient pour règle que leur caprice. Mais si par hasard ils voulaient essayer quelques personnifications poétiques empruntées à la nature : les prairies, les forêts, les ruisseaux, les saisons ; alors, la plus ambitieuse imitation des éléments, la plus extravagante parodie du règne végétal apparaissaient sur le théâtre de l'Opéra : les prairies étaient habillées de foin, couronnées de paquerettes ; les forêts se réalisaient par des figurantes branchues et couvertes de feuillage ; les ruisseaux, vêtus de gaze d'argent, avaient des colliers et des couronnes de mousse, avec des ceintures de jonc, pour la décence...; les saisons, selon leur temps, se chargeaient de fleurs, d'épis, de fruits ou de neige. C'était à ne s'y plus connaître : on eût dit une troupe d'enfants jouant à la toilette-madame, ou bien aux charades en action.

On voit que, sous la direction de Lully, l'on ne pouvait pas encore dire de l'Opéra :

> Il faut se rendre à ce palais magique,
> Où les beaux vers, la danse, la musique,
> L'art de tromper les yeux par les couleurs,
> L'art plus heureux de séduire les cœurs,
> De cent plaisirs font un plaisir unique.

Le début des danseuses à l'Académie royale de Musique, dans le *Triomphe de l'Amour*, ne fit triompher que quelques jeunes seigneurs, après certains combats où la victoire leur fut disputée bien faiblement par ces dames ; car plus d'un spectateur avait pu dire :

> J'ai vu, derrière la coulisse,
> Le gibier courir le chasseur.

En 1682, Quinault et Lully firent jouer *Persée*, tragédie-opéra; toutes les places étaient retenues trois jours d'avance. On comptait donc sur un spectacle hors ligne, sur des beautés qu'on n'avait point encore vues? Mon Dieu, non, tout cet empressement était provoqué par l'apparition annoncée d'un acteur peu ordinaire. En effet, le jour de la première représentation, le jeune prince de Ditrichtein, fils du grand-maître de l'impératrice d'Allemagne, dansa une entrée avec mademoiselle Descœillets la jeune : ce pas lui coûta, dit-on, dix milles pistoles... Mademoiselle Descœillets faisait payer cher ses leçons.

Un soir que l'on jouait *Persée*, un grand tumulte, auquel se mêlaient des cris de *vive le roi!* se fit entendre tout-à-coup sur la place du Palais-Royal, et bientôt on apprit dans la salle que madame la dauphine venait d'accoucher d'un fils : c'était le duc de Bourgogne.... « Il n'y a plus dans notre capitale, dit à cette occasion un mémorialiste, qui a écrit sous l'impression des événements, il n'y a plus de jours de travail ni de nuits ; on danse, on boit, on mange, on chante, on s'embrasse ; voilà tout. Les rues sont pleines de tables toujours servies ; le peuple déjeune, dîne, soupe partout et ne paye nulle part. » Bon temps que celui où, malgré les guerres incessantes, les impôts accablants et les prodigalités de la cour, c'était une bonne fortune publique que la naissance d'un prince. A ces époques, les peuples, sans trop s'expliquer pourquoi, se créaient une perspective de prospérités qui ne se réalisaient jamais ; n'importe, ils ne se désespéraient point à espérer toujours.

Le lendemain de la naissance du prince, Lully fit au public la galanterie d'une représentation gratis. Ce jour-là on entrait dans la salle par un arc de triomphe formé d'une charmante combinaison de feux; et bientôt l'on vit un soleil (toujours l'allégorie du grand roi), se lever lentement derrière cet arc, et embraser l'air de ses mille lumières étincelantes. Au pied de cette resplendissante décoration, coulèrent jusqu'à minuit, deux fontaines de vin, et les spectateurs sortant de l'Opéra purent fouler aux pieds bon nombre d'honnêtes parisiens, qui roulaient dans le ruisseau leur trop expansive allégresse.

La naissance du duc de Bourgogne avait été favorable aux représentations de *Persée,* en 1682; la mort de la reine, arrivée l'année suivante, retarda l'apparition d'*Amadis des Gaules.* Cependant cet opéra, dont Louis XIV avait donné l'idée, parut avant que le deuil de la cour fut terminé. Le roi se croyait quasi auteur du poème; l'incitation de l'amour-propre domina quelque peu chez lui le sentiment de la bienséance : un poète par métier n'eût pas fait plus. La pièce était remplie d'allusions à la louange de Sa Majesté, et Lully fit chanter, le mieux qu'il put, ce panégyrique obligé. Mais le public commençait à se lasser de ces éloges, par dièzes, bémols et bécares: poème et musique d'Amadis parurent d'une longueur démesurée. Toutefois on eût à tenir compte au directeur de l'Opéra d'une amélioration sensible dans les décorations et les costumes. Le sieur Berrin, chargé de la mise en scène à l'Opéra, était l'auteur de ce progrès. Les personnages d'*Amadis* ressemblaient toujours à une mascarade, offrant un amalgame de cuirasses et de rubans, de brassards et de manchettes en point d'Angleterre ; mais le grotesque avait perdu quelque chose de ses droits. Pour la première fois, on vit dans cette composition lyrique des personnages traversant les airs, au moyen d'un mécanisme ingénieux inventé par Berrin : le public fut charmé de cette combinaison de fils d'archal, habilement agencés. On courut à l'Opéra pour l'admirer ; puis on cessa d'y aller ; ce qui fit dire à je ne sais quel plaisant que le succès d'*Amadis* ne tenait *qu'à un fil*.

La Fontaine a dit :

> Ne forcez point votre talent,
> Vous ne feriez rien avec grâce.

Cet avis est bon ; pourquoi notre admirable conteur ne se le donna-t-il pas à temps pour s'empêcher de composer la pastorale de *Daphné*. Il est vrai que Lully la lui avait demandée, et vous allez voir que, dans cette affaire, la philosophie de La Fontaine fut complètement en défaut. Quand il apporta son opéra au musicien, celui-ci déclara qu'il ne valait rien, et c'était la vérité. Mais l'amour-propre est le dernier des souverains qui sache entendre la vérité ; l'auteur, malgré la déclaration de Lully, le quittait en lui disant :

— Quand votre musique sera faite, vous m'en préviendrez.

— Mon cher La Fontaine, bous ne m'avez

donc pas entendou : bostre pastourale est mauvaise.

— Qui vous dit le contraire.

— Je ne ferai pas la mousique.

— Il faudra pourtant bien vous décider à la faire.....

— Vraiment, mon ami, bous n'y pensez pas, bostre *Daphné* est glacée.

— Vous la réchaufferez.

— Impossible..... J'y perdrais mon latin.

— Je vous en défie bien.

— Moi, zé bous répète qué bostre opéra est détestable.

— Vous avez donc eu tort de me le commander, et ce tort, c'est vous qui devez le subir.

— Moi, zé né dis pas, ma le poublic.

— Le public sifflera et je m'en laverai les mains; cela ne me regardera pas, et je dirai : Lully me l'avait demandée cette pastorale.

— Bous êtes fou, La Fontaine, et zé ne bous jouerai pas le mauvais tour de faire représenter bostre pièce.

— Eh bien, moi, je vous ferai jouer vous-même à la Comédie Française. Bonjour.

Le bon homme tint parole au compositeur italien; quelques mois après cette altercation, on donna en effet à la Comédie Française le *Florentin*, petite pièce médiocre où le directeur de l'Opéra était baffoué, et que les comédiens avaient reçue avec plaisir, parceque Lully était coupable d'une suite assez régulière de bonnes recettes, qui, le plus souvent, se faisaient aux dépens des leurs .. La Fontaine se trouva donc vengé; mais il eut mieux fait de brûler *Daphné* que de faire jouer le *Florentin* : le public se plaignit d'avoir subi sa part de la vengeance exercée contre Lully. Quant à Quinault, il avait ri dans sa barbe d'une tentative malheureuse, qui devait ramener à lui le musicien, contrit et repentant. Il venait de terminer *Roland*, poème lyrique dans lequel, selon tous ses amis, il s'était élevé à une hauteur qu'il n'avait pas encore atteinte. Lully trouva pour mettre cette œuvre en musique des inspirations vierges : ce n'était plus le même caractère de poésie; ce fut une tout autre harmonie que le compositeur y adapta. En puisant dans les richesses de l'Arioste, le poète en avait ouvert la source au musicien.

Roland, malgré tant de beautés, resta quelques mois en portefeuille sans pouvoir être monté, faute d'un acteur pour jouer le principal personnage. Pendant plusieurs années, les premiers rôles avaient été le partage exclusif du sieur de Chassé, chanteur aimé du public, cavalier à bonnes fortunes et gentilhomme gourmé, qui s'était appliqué très amplement l'opinion de la non-dérogation des nobles sur les planches de l'Opéra. Placé par sa naissance à la tête du personnel chantant et dansant, il signalait sa prépondérance en pacha, et, comme il était fort bel homme, il ne manquait point d'odalisques dans un pays où, en fait de principes, on n'observait guère que ceux de la musique. Pour lui, l'Opéra était un fief dans lequel il s'attribuait sans façon le droit du seigneur, qu'à vrai dire, on lui refusait rarement. Dès que ce haut baron lyrique avait achevé son rôle, il ceignait le baudrier, se coiffait du chapeau à plumes, insignes irrécusables de la noblesse, et venait annoncer le prochain spectacle avec une dignité toute magistrale. Mais bientôt M. de Chassé voulut vivre *noblement*, même dans le monde ; il quitta l'Opéra et se retira dans *ses terres*.

En s'éloignant du théâtre, cet acteur emmena avec lui je ne sais quelle chanteuse, qu'il érigea en dame châtelaine dans le petit manoir paternel dont il venait d'hériter, avec la malédiction de M. son père, qui, malgré l'édit de Louis XIV, n'avait voulu reconnaître en lui qu'un *histrion*.

Le couple de tourtereaux envolé des régions

lyriques vers le petit châtel héréditaire échu au beau Chassé, y coula des jours tissus d'or et de soie, tant qu'il eut quelques louis en caisse et quelque peu d'amour dans le cœur. Mais ces deux éléments d'un bonheur qu'on avait cru éternel tant qu'il avait duré, ayant pris fin, M. de Chassé s'aperçut qu'il pleuvait, faute de réparations, dans son manoir féodal, flanqué de tourelles; que ses lévriers devenaient d'une maigreur diaphane; que les nobles campagnards du voisinage, très obséquieux tant qu'il les avait traités splendidement à sa table, commençaient à devenir narquois avec un homme qui, après avoir occupé vingt trônes en Orient, et s'être assis plus d'une fois au rang des dieux, avait maintenant pour commensaux habituels, son garçon de ferme et sa vachère. Enfin, un beau matin le châtelain et la châtelaine reconnurent que, pour vivre noblement, il fallait d'abord pouvoir vivre, et que la question allait se résoudre négativement pour eux. Il jetèrent un coup-d'œil de regret sur Paris, donnèrent un soupir à l'académie royale de musique, et s'écrièrent en même temps : « Si nous y retournions. »

Chassé fut reçu à l'Opéra comme l'enfant prodigue repentant ; Lully ne tua pas le veau gras ; mais il se hâta de monter *Roland* pour la rentrée du célèbre déserteur. Or, le talent et les moyens de celui-ci s'étaient affaiblis sous le toit de sa gentilhommière rustique ; il ne contenta le public que médiocrement, et le lendemain de sa rentrée, parut le quatrain que voici :

> Ce n'est plus cette voix charmante,
> Ce ne sont plus ces grands éclats,
> C'est un gentilhomme qui chante,
> Et qui ne se fatigue pas.

Mais il n'en resta pas moins constaté que l'opéra de *Roland* avait produit le génie de ses auteurs sous un aspect nouveau : le poète et le musicien venaient d'aborder une sphère beaucoup plus élevée que celle où leurs muses respectives avaient plané jusqu'alors.

La chanteuse qui avait aidé M. de Chassé à vivre noblement, grâce à un abandon qui, pour être peu légitime, n'en était pas moins une habitude de la vie noble, rentra dans les chœurs d'où elle était sortie. Alors les premiers sujets du théâtre n'avaient pas, comme de nos jours, le privilége d'imposer au public de mauvaises actrices, parcequ'elles étaient leurs maîtresses. Ce bon public, dont on se moque aujourd'hui de plus d'une façon, était un souverain respecté lorsqu'il tenait, je ne dirai pas ses assises, puisqu'il jugeait debout au parterre, mais son tribunal, sans appel en matière de critique théâtrale. Les arrêts du parterre étaient une protestation réelle, calculée, peut-être, contre les dédains dont l'aristocratie nobiliaire accablait tout ce qui ne se recommandait pas par des parchemins. Le matin, l'humble roturier, bourgeois, marchand ou commis, pliait le dos jusqu'à la courbure du demi-cercle, devant le plus famélique cadet de Gascogne ; le soir, au théâtre, il se dressait de toute sa hauteur pour infirmer le jugement porté par l'hémicycle de seigneurs qui se prélassait sur la scène, qu'il obstruait. Il y a plus, cette ridicule décoration humaine, elle-même, devenait chaque soir un sujet d'allègre critique pour les basochiens. Cette gent indisciplinée, que la noblesse ne matait pas toujours, même sur la voie publique, se donnait librement carrière au spectacle, touchant les perruques, les faces plus ou moins hétéroclites, et les jambes variqueuses, engorgées ou réduites aux proportions de flûte, exposées sur la scène, au grand préjudice de la représentation.

Quelquefois il s'élevait, entre le parterre et les spectateurs-figurants, des débats qui donnaient aux loges un appendice de représentation fort amusant. Je pourrais rapporter beaucoup d'anecdotes confirmatives de ce que j'avance : celle-ci mérite d'être citée :

Un abbé faisait partie du cercle de spectateurs assis sur le théâtre ; peut-être était-ce un de ces petits collets amateurs des bénéfices qu'on pouvait obtenir sans avoir pris les ordres majeurs : muguets de toilette, de tripots, de ruelles, qui joûtaient d'effronterie avec les mousquetaires, ces héros de la *vauriennerie*. Or, notre abbé faisait à tel point sa tête, comme on dirait aujourd'hui, qu'il impatienta le parterre, lequel se prit à crier : *A bas la calotte !* Durant quelques instants, le spectateur apostrophé fit la sourde oreille ; mais bientôt l'injonction, qui n'avait d'abord été que l'expression de quelques individus, devint un tumulte, puis un orage, puis un effroyable tintamarre. A ce point, l'abbé se lève, et s'avançant sur le bord du théâtre :

— Messieurs, dit-il, je vois que ma calotte a le malheur de vous déplaire ; je vous la livre.

Et saisissant cet attribut luisant sur son chef, il lui imprime un léger tournoiement et le lance au milieu du parterre. A l'instant la pauvre calotte devient un projectile, qui du parterre vole vers les loges, de celles-ci aux galeries, et de ces dernières au *paradis*

— Je ne croyais pas qu'elle y parviendrait sitôt, dit gaîment le propriétaire de l'insigne ecclésiastique, qui avait suivi de l'œil son voyage aérien.

— Bravo ! bravo ! l'abbé, s'écria-t-on du parterre.

Mais, dans le temps même que ces acclamations retentissaient, il se formait dans la foule une opposition menaçante.

— Ne voyez-vous pas, disait le chef de ce parti, que l'abbé nous a manqué gravement en nous jetant sa calotte ?

— C'est vrai, dirent deux ou trois voix...

— Incontestable, s'écrièrent douze ou quinze individus.

— Comment a-t-on pu s'y méprendre, s'exclama alors la majorité du parterre.... A bas l'abbé !

— Oui, à bas l'abbé ! répéta d'une voix tonnante un clerc de procureur, devenu, par la puissance de ses poumons, le coryphée de l'émeute.... qu'il s'éclipse du théâtre, qu'il descende au parterre.

— Messieurs, reprit le petit-collet en s'avançant de nouveau vers la rampe, je respecte infiniment monseigneur le parterre ; je lui ai prouvé ma déférence en lui livrant ma calotte qui l'offusquait, et dont il s'est fait un jouet fort agréable, à ce qu'il m'a paru. Je ne regretterai pas l'écu de trois livres que ceci me coûtera...; mais je vous ferai observer, Messieurs, que je n'ai pas encore de bénéfice, et qu'un sacrifice plus grand me gênerait. Or, vous saurez que la semaine dernière j'avais pris place au milieu de vous, et qu'on m'y a volé ma montre.... Vous direz donc ce que vous voudrez, mais je ne descendrai pas au parterre, et je vous prie de borner vos menus plaisirs à la jouissance de ma calotte, dont je suis trop heureux de vous faire hommage.

Ce discours n'était pas propre à calmer le

tumulte ; les cris redoublèrent, et l'on craignait l'escalade du théâtre, lorsqu'une entrée de soldats du guet mit fin à cet intermède, tandis qu'un exempt priait poliment M. l'abbé de quitter la place qu'il occupait sur la scène.

En 1686 parut *Armide*, le plus beau des ouvrages de Quinault et de Lully : le point culminant de la poésie lyrique et de la composition musicale à cette époque. Jamais on n'avait vu autant de situations dramatiques et de mélodie, et jamais leur accord n'avait paru aussi heureusement combiné. Le poète et le musicien, après avoir peint des passions exaspérées, où brillait tout le feu de leur imagination, avaient compris, en créant ce chef-d'œuvre, que, par une heureuse transition, ils devaient conduire le spectateur dans une région plus calme, parce que l'âme qui vient d'être fortement agitée a besoin de se reposer pour se préparer à de nouvelles émotions. Ces alternatives de mouvements passionnés et de suaves inspirations, occupent une grande place dans l'Opéra d'*Armide;* la part du génie créateur y est importante ; ces ressources de l'harmonie et du contrepoint qui se glissent souvent, comme des expédients, à travers les compositions musicales, ne sont employées ici que dans une savante proportion : ce sont des broderies légères jetées par le talent sur une riche étoffe, que le génie seul pouvait tisser.

Le rôle d'Armide était joué et chanté par mademoiselle Rochois, avec une étendue de moyens dont une âme ardente faisait valoir toute la puissance. Ce jeu et ce chant, remplis de chaleur, firent paraître tièdes les efforts cependant soutenus de Chassé. Vieilli avant l'âge par les passions extrêmes, qui sont toujours anti-lyriques, ce chanteur s'éleva toutefois, de temps en temps, à la hauteur du personnage de Renaud ; mais ce furent quelques éclairs lumineux dans un ciel terne. Le noble pensionnaire de Lully se désolait après la première représentation.

— Ecoute, cher camarade, lui dit mademoiselle Rochois, dont la modestie pudibonde n'était pas aussi bien constatée que son talent, on ne peut pas servir avec un zèle égal toutes les divinités : si tu fais quelquefois défaut au seigneur Apollon, je voyais tout à l'heure, dans une loge d'avant-scène, une marquise qui pourrait te donner un beau certificat au nom de Vénus.

— Heureuse femme que tu es, répondit Chassé, tous les triomphes t'adviennent : cet Apollon qui commence à me renier, te favorise au gré de tes souhaits, et quant au certificat de l'amour, je suis prêt....

— Indiscret.... Un groupe de complimenteurs vint mettre fin au tête-à-tête des deux premiers sujets de l'Opéra; mais on n'avait pas besoin d'en entendre la fin pour savoir que mademoiselle Rochois avait, plus que la marquise, à se reprocher l'altération du *sol* de Chassé.

Armide fut pour Lully et Quinault le chant

du cygne : le premier mourut moins d'une année après l'apparition de cet opéra, et le second suivit de près dans la tombe celui qu'il avait suivi pas à pas, pendant vingt ans, dans la carrière lyrique. Lully succomba aux suites d'un véritable accès de son art : entendant un jour une fausse note en arrivant à la répétition, il se frappa violemment le pied du bout de sa canne. Un mal considérable se déclara ; le compositeur florentin s'était senti plus d'une fois atteint de blessures secrètes qui compliquèrent celle-ci d'une manière très grave ; enfin ce mal de pied conduisit Lully au tombeau, à l'âge de cinquante-quatre ans. Le privilège de l'Opéra fût conservé à sa veuve.

On trouve dans les mémoires du temps cette opinion, aussi sage que compétente, sur le mérite de ce compositeur : « Lully est le premier artiste qui ait donné quelque extension au domaine de la musique française ; avant lui, la basse et les accompagnements étaient maigres, sans consistance, sans harmonie, et le dessus était seul un peu soigné. Ce musicien s'est appliqué à faire chanter agréablement toutes les parties ; il a introduit les fugues dans les morceaux ; plusieurs autres mouvements lui sont dus, et, grâce à sa composition, on a pu admettre dans les concerts une foule d'instruments qui en nourrissent l'harmonie. Les faux accords et les dissonnances furent longtemps l'écueil de nos municiens ; Lully sut s'en rendre maître et en former les plus beaux passages de ses compositions. On doit encore à l'auteur d'*Armide* et d'*Attis* une formation raisonnée des chœurs ; c'est lui qui les a composés d'une proportion sagement calculée de premiers dessus, de seconds dessus, de haute-contres, de ténors et de basses.

Ce jugement des contemporains me paraît exact ; mais je ne puis reconnaître avec eux que le principal mérite de Lully ait consisté dans la variété : il est certain que plusieurs de ses opéras, auxquels nous dormirions aujourd'hui de la première à la dernière scène, ennuyaient parfois le public de son temps, qui n'avait rien entendu de mieux : cela prouve donc qu'ils manquaient de cette variété, que les panégyristes sans réserve vantaient.

Lully, secrétaire du roi, avait été accueilli peu volontiers par les membres de sa compagnie de vilains savonnés. La fortune ne communique point les belles manières; elle apprend au contraire à s'en passer. Le directeur de l'Opéra n'était point un homme de bon ton; il avait de la gaîté, mais de cette gaîté italienne qui dégénère en pasquinades. Dans un repas, c'était le bouffon des convives, avec ses lazzi de mauvais goût, qu'achevait de renvoyer aux tréteaux sa pantomime animée, qu'il accentuait de gestes libres, de grimaces et de contorsions. Un jour Molière se trouvait à un dîner avec le surintendant de la musique du roi, et ayant été prié d'égayer la société par quelque trait de son esprit original, le grand comique répondit : « Mes-

« sieurs, au théâtre, je me chargerai volon-
« tiers de vous faire rire ; mais ici c'est
« l'office de Lully. » Boileau avait dit, en
effet, de lui :

> En vain, par sa grimace, un bouffon odieux,
> A table nous fait rire et divertit nos yeux.
> Ses bons mots ont besoin de farine et de plâtre,
> Prenez-le tête à tête, ôtez-lui son théâtre ;
> Ce n'est plus qu'un cœur bas, un coquin ténébreux ;
> Son visage, essuyé, n'a plus rien que d'affreux !

On voit que ce ne fut pas *Rollet* seul que Despréaux appela littéralement un fripon.

C'était précisément la qualité de farceur, que les secrétaires du roi, au grand collège, reprochaient à Lully ; Il s'en plaignit à M. de Louvois, qui lui dit que ces messieurs avaient raison. « Où diable, aussi, vous, surintendant de la musique du roi, allez-vous figurer dans les divertissements du *Bourgeois gentilhomme*, ajouta l'homme d'Etat. — Sa Majesté l'avait désiré, répondit Lully ; et si elle vous ordonnait de danser devant elle, tout ministre que vous êtes, je vous demande, monseigneur, si vous oseriez refuser. » —Louvois, ne sachant que répliquer, expédia l'ordre aux secrétaires du grand collége d'admettre le musicien dans leur compagnie.

Le maestro par excellence du XVIIe siècle était, à vrai dire, d'un physique assez disgracieux : « Ses yeux bordés de rouge, dit un mémorialiste que nous avons déjà cité, brillaient d'un feu vif : c'était l'étincelle de l'esprit et de la malignité. Il régnait sur sa figure un mélange de plaisanterie, d'inquiétude et de dureté qui constituait une physionomie bizarre, où l'expression du libertinage dominait tout autre caractère. » Cette expression ne trompait point : personne ne mena une vie plus dissolue que Lully. Mais à son heure dernière, cette brebis longtemps égarée, rentra au bercail, et fut enterrée dans l'église des Petits-Pères. Il faut ajouter que l'on trouva chez Lully trente-sept mille louis d'or et soixante mille livres en argent; avec une telle fortune, on ne meurt point hors de l'église.

Lorsque le confesseur du célèbre musicien le vit en danger, il lui déclara qu'à moins qu'il ne consentît à brûler l'opéra dont il s'était occupé en dernier lieu, pour montrer son repentir d'avoir composé tous les autres, il ne pouvait lui donner l'absolution. A l'instant même, Lully jeta la partition au feu... Dans la soirée, M. le duc de Bourbon étant venu le voir, s'écria, en apprenant ce sacrifice :

— Quoi, tu as brûlé ton opéra? que tu es fou d'en avoir cru ce janséniste rêveur.

— Paix, monseigneur, répondit le musicien à l'oreille de son altesse; jé sabais bien ce qué jé faisais; j'en abais oune autre copie.

Le chevalier de Lorraine, qui aimait beaucoup Lully, vint le voir plusieurs fois durant sa dernière maladie; comme il lui prodiguait les protestations d'amitié, la femme du compositeur s'écria : « Ah! oui, vraiment, vous « êtes fort de ses amis; c'est vous qui l'avez

« enivré le dernier, et qui serez peut-être
« cause de sa mort... — Tais-toi donc, inter-
« rompit le malade, M. le chevalier m'a eni-
« vré le dernier, et si j'en réchappe, ce sera
« lui qui m'enivrera le premier. »

Nous l'avons dit, Quinault ne survécut qu'une année à Lully. Les poètes du xviiie siècle, si vertement honnis par nos jeunes écrivains, auraient dit: « Le célèbre musicien attendait l'illustre lyrique sur la rive sombre, pour unir encore ses modulations aux accords de sa lyre, et charmer, par cette réunion de mélodies, les habitants du séjour des ombres. » Je dirai prosaïquement, moi, que le compositeur étant mort, un des principaux éléments de la vie du poète s'éteignit; pendant vingt années, il avait vécu des délices de son art, veuf maintenant de cette muse qu'il avait épousée. Or, l'habitude est plus qu'on ne pense inhérente à tous les ressorts de l'existence : enlevez-là à l'être organisé, il languit, il erre dans les régions de la vie, dont il n'a jamais connu les douceurs, absorbé qu'il était par la passion unique qui le captivait. Cette désoccupation de l'âme est funeste; elle finit par tuer le corps.

Je ne reviendrai pas sur la critique amère que Boileau s'est donné le ridicule de distiller contre un écrivain qui a retrouvé la véritable poésie lyrique, telle que Pindare en laissa le type. L'auteur satirique a lui-même désavoué sa détraction injuste par ce passage d'une de ses préfaces : « Je n'ai point prétendu qu'il
« n'y ait beaucoup d'esprit dans les ouvrages
« de M. Quinault; dans le temps que j'écri-
« vis contre lui, nous étions tous les deux
« fort jeunes, et il n'avait pas fait alors beau-
« coup d'ouvrages qui lui ont, dans la suite,
« acquis une juste réputation. » Malgré ce désaveu, que l'Académie confirma en ouvrant ses portes à Quinault, Louis XIV ne le récompensa que médiocrement, parce qu'il pensa avec la multitude, que les succès de ce poète étaient dus à la musique de Lully.

Le temps a fixé la réputation de l'auteur d'*Armide*; mais on s'est déterminé fort tard à lui rendre justice. Il a fallu que la faiblesse de presque tous ses successeurs vînt prouver sa supériorité, pour qu'on se décidât à la reconnaître. Dignement apprécié maintenant, Quinault sera toujours placé au rang des génies créateurs; avant lui, il n'y avait point d'opéras; il y en eut peu après. Dire qu'un poème lyrique se fait lire, c'est en faire le plus bel éloge, et nulle lecture n'est plus séduisante que celle des pièces de Quinault. Le grand mérite de cet écrivain est d'avoir su dérober, avec autant d'adresse que d'agrément, les sacrifices qu'il faisait au musicien; jamais l'énergie ou la grâce des détails n'en est altérée; jamais le naturel ne paraît en avoir souffert; et les traits ingénieux dont les compositions de Quinault abondent, semblent y naître comme les fleurs sur un terrain qui leur plaît. Le seul reproche qu'on puisse raisonnablement mêler au souvenir de ce poète lyrique, c'est d'avoir fait surabonder la louange de Louis XIV dans tous ses prologues, dont un prince allemand, après l'échec d'Hochstedt, fit cette sanglante critique : « Monsieur, dit-il à un officier français prisonnier de guerre, fait-on maintenant des prologues à l'Opéra? »

J'ai lu dans une vieille histoire que, jeune encore, Boileau, à la sollicitation de mesdames de Thiange et de Montespan, s'était engagé à composer un opéra ; mais que ne possédant pas le *molle atque facetum* dont parle Horace, il n'avait pu enfanter qu'une vingtaine de vers lyriques à la Perrin. De là ce venin incessamment distillé par le satirique contre Quinault : celui-ci était coupable d'avoir réussi dans une carrière où l'autre avait échoué..... Cette source de détraction est loin d'être épuisée. Plus tard, Despréaux fit imprimer son avorton lyrique : c'était faire un acte de justice d'une notable générosité.

Quinault n'était point riche à la fin de sa

carrière ; il va donc sans dire qu'aucune église n'eût le dessous d'une dalle vacant pour recevoir un écrivain qui avait composé tant d'œuvres *damnables* sans rémission. Les trente-sept mille louis du musicien l'avaient presque sanctifié ; la demi-pauvreté du poète confirma l'excommunication dont l'église l'avait frappé.

La conduite de Quinault avait été toujours fort régulière : homme de bon ton et de bonne compagnie, sa douceur et son affabilité le faisaient rechercher de tout le monde, quoique, ni sa naissance, peu connue et probablement obscure, ni sa figure, peu remarquable, ne fussent propres à le recommander dans la haute société, à une époque où le talent était un titre d'une valeur secondaire.

« On a dit, continue le mémorialiste qui nous sert de Guide, que Quinault, dans les deux dernières années de sa vie, s'était repenti d'avoir fait des opéras, et que, par un sentiment de piété, il avait renoncé au théâtre après l'apparition d'*Armide*. On doit regarder comme plus certain qu'il prit ce parti par suite des dégoûts que Lully lui fit éprouver pendant la composition de cet ouvrage, dont il refit cinq fois le premier acte. » Ne pourrait-on pas penser aussi que ce poète craignit, en prolongeant sa carrière dramatique, d'avoir à se plier aux nouvelles exigences des successeurs de Lully, qui, bien inférieurs à lui pour le mérite, n'en eussent été que plus absolus dans leurs prétentions. Quoiqu'il en soit, Quinault publia, en 1687, un poème sur l'extinction du luthéranisme ; cette composition, d'une rare insipidité, est la seule que son auteur eut dû expier.

Après la mort de Lully et de Quinault, l'Opéra ne monta aucune nouveauté importante, pendant un espace de temps assez long : personne n'osait réveiller, par des sons hasardés, les échos endormis sur la tombe de ces grands maîtres. Racine régnait sans partage sur la scène française, mais non pas sur celle du monde : il avait ici, pour objet de rivalité, le drame naturel d'un monarque détrôné. L'intérêt se partageait, en 1689, entre les demoiselles de Saint-Cyr, érigées en actrices tragiques, et le roi d'Angleterre, Jacques II, venant demander un refuge à la fraternité souveraine de Louis XIV. Un beau matin, madame de Maintenon eut la fantaisie d'éprouver jusqu'à quel point les sensations de ses chères élèves nobles pouvaient être excitées : c'était une idée comme une autre. Racine eut ordre de monter *Andromaque* à Saint-Cyr. Montrez de l'avoine au jeune coursier, il se précipite impétueusement sur la mesure que vous lui présentez ; tel fut, parmi les petites actrices cloîtrées, l'effet de cette tragédie : la passion orageuse d'Hermione embrasa tous ces naturels, qui n'attendaient qu'une étincelle pour s'enflammer. *Sa solidité* vit que, dans cet essai, elle avait laissé chanceler sa prudence ; notre grand tragique eut mission de composer quelque poème moral ou historique, dont l'amour fut entièrement banni. Tout a été dit sur la fameuse représentation d'*Esther*, trop étrangère, d'ailleurs, à mon sujet pour que je m'en occupe davantage. J'ajouterai seulement, comme annexe de ma chronique musicale, qu'au moment où les spectateurs prenaient place dans la salle, on exécutait derrière le théâtre une ouverture d'un genre absolument nouveau.... C'était le *Veni Creator,* chanté à haute voix par les actrices. Encore si c'eût été en musique; mais pas du tout, un *Veni Creator* de plain-chant : il y avait de quoi faire surgir Lully, furieux, de sa tombe, si les passions humaines parvenaient jusque là.

IV.

LA MONNAIE DE LULLY ET QUINAULT.

En 1691, il n'y avait que trois théâtres à Paris : l'Opéra, la Comédie française et les Italiens. Malheureusement, l'Académie royale de musique était, depuis deux ans, une honnête fille qui ne faisait point parler d'elle. L'auteur d'*Andromaque,* devenu gentilhomme de la chambre, boudait les comédiens (la Champmeslé exceptée), pour avoir permis à Pradon d'humilier leur scène par la débilité de *Régulus* et de *Tamerlan*, après l'avoir insultée de son impertinente *Phèdre*. Les Italiens seuls *faisaient chambrée*, comme on dirait aujourd'hui, non par ces accords mélodieux qui devaient, plus tard, faire broncher la musique de Lully sur son trône, mais en prodiguant au public ces lazzi détestables, dont l'excellent *vis-comica* de Molière n'avait pu faire proscrire encore la licencieuse émission, tant le rire a de charmes, même lorsqu'il est provoqué par le mauvais goût.

Or, ce qu'il y avait alors de plus réellement comique à Paris, c'était la nouvelle que je vais rapporter. Le spectacle de l'Opéra se passait chaque soir dans le foyer, où les conteurs accrédités de la cour et de la ville faisaient chère lie de cette nouvelle à la curiosité publique. Vous saurez donc que le roi d'Angleterre, Guillaume, mécontent de l'hospitalité accordée à Jacques II par Louis XIV, et prévoyant les secours plus effectifs encore qu'il ne tarderait pas à lui donner, ne savait à quoi se prendre pour se venger du grand roi, son nouveau frère, qui, comme vous le savez, n'avait jamais été son cousin. A force de chercher, le souverain de la Grande-Bretagne par le droit le plus incontestable, l'animadversion qu'avait provoquée son prédécesseur, mit la main sur un moyen qu'il jugea, non sans raison, devoir être infaillible : ce fut de blesser l'orgueil du roi de France. En conséquence, que fit Guillaume ? Il appela son architecte et lui ordonna de bâtir un hôpital des fous sur le plan du Louvre. Convenez que, pour être sortie d'une tête hollandaise, l'idée était passablement *vaudevillique*. Nous ne soutiendrons pas ici que cette infirmerie de la raison humaine ait été construite absolument semblable aux palais de nos rois ; mais on le fit croire à Louis XIV. « L'insolent ! » s'écria-t-il en apprenant

l'outrecuidance architecturale du voisin. « Eh
» bien! dès demain, je ferai bâtir, à Marly,
» des cabinets secrets sur le plan de Saint-
» James. » Il est fâcheux que Marly n'existe
plus ; il eût été curieux de vérifier si le grand
roi fit cimenter à chaux et à sable cette pointe
infiniment plus *vaudevillique* que celle de Guillaume. Ce dernier avait imaginé une satire *de
Gymnase ;* Sa Majesté française riposta par une
vengeance digne *des Variétés,* en joyeux temps
de carnaval.

Ce n'est pas dans la prospérité que l'on redoute la concurrence ; il est rare que le bonheur soit envieux. Mais lorsque la fortune se
montre parcimonieuse, ceux dont elle trompe
les espérances croient toujours voir, dans les
chances heureuses d'autrui, un vol fait à leur
destinée. Tant que Lully et Quinault firent
couler à plein bord le pactole dans les régions
de l'Opéra, les directeurs de ce théâtre s'inquiétèrent peu que les comédiens fissent chanter et danser sur leur scène. Mais depuis que

l'Académie royale de Musique, subissant la contagion attachée à son titre sublime, s'endormait sur ses lauriers, dont la tige était quasi-morte ; sa somnolence devenait de plus en plus chicanière envers la Comédie française, et lui faisait chaque jour d'itératives sommations d'avoir à ne plus chanter ni danser, au préjudice des privilèges d'icelle académie. Q'advient-il de cela ? Les comédiens, qui n'avaient jusqu'alors chanté que des lieux communs assez fades, se prirent à chanter des épigrammes, dans lesquelles le processif Opéra ne fut point épargné. Le public goûta surtout ce plaisir piquant qui naît si facilement de la malice, à la représentation d'une petite pièce intitulée l'*Opéra de Village*, critique ingénieuse des hauts barons lyriques, composée par l'acteur Dancourt, cet écrivain incisif qui retrouva quelquefois les inspirations de Molière.

Tout se passa à l'entière satisfaction des comédiens aux premières représentations de la comédie satirique : ils triomphaient de leur adversaire à ce tribunal terrible qui condamne toujours sans appel, le ridicule ; mais un incident inattendu vint tout-à-coup faire passer les rieurs du côté de l'Opéra : les spectateurs riaient depuis huit jours, grâce aux lazzi spirituels de la comédie ; soudain ce fut aux dépens de cette comédie qu'ils se prirent à rire. On lit dans les Mémoires du temps : « M. le marquis de Sasblé, après un dîner où le vin avait été versé amplement, était venu s'asseoir parmi les spectateurs du théâtre, pour assister à la pièce nouvelle, comme y assistaient ces spectateurs, c'est-à-dire en voyant le dos des acteurs. Or, il y a un passage de l'ouvrage ainsi conçu :

> Les vignes et les prés
> Seront sablés.

A ces mots, le marquis *de Sablé*, qu'échauffent les fumées du vin, se croyant nommé, se persuade qu'on se moque de son ivresse ; il se lève furieux, et intervient de la manière la plus intempestive dans l'action, par un soufflet asséné violemment sur la joue de Dancourt, qui se trouve en scène. Je ne sais pas précisément ce que le public pensa de ce fait épisodique ; mais les comédiens présents en furent indignés. Comment obtenir vengeance ? Ils étaient désarmés, vêtus en villageois, tandis qu'au côté du marquis, pendait une longue épée, qu'ils jugèrent tenir fort peu au fourreau. L'injure grave faite à l'auteur allait rester impunie, à la grande humiliation des lettres et des beaux arts, lorsque soudain, une troupe très-peu comique alors, je vous l'assure, s'élança en armes, de derrière le théâtre sur M. de Sablé. Le tumulte devient extrême : les spectateurs qui occupent la scène, se lèvent, quelques uns pour défendre le gentilhomme ; le plus grand nombre pour s'enfuir. Mais le comte de Grammont, ce vétéran des vauriens de la cour, ce diable incarné, qui devenu vieux, ne s'est point fait ermite, n'imite ni les champions de Sablé, ni les spec-

tateurs fugitifs ; et se laissant glisser du théâtre dans l'orchestre, d'où il passe au parterre, il dit aux spectateurs de ce cratère de la critique : « Place parmi vous, messieurs, ceci
« va devenir drôle, et je n'ai pas encore vu
« de tragi-comédie improvisée..... »

Cependant les fauteuils sont renversés ; une agglomération confuse de gens effrayés et de combattants se forme sur la scène; des épées se croisent, des perruques tombent et sont foulées aux pieds..... Et Grammont de s'écrier :
« Attention, messieurs, évolutions et com-
« bats non-annoncés par l'affiche ; paladins
« estoquant en enfants de chœur : spectacle
« entièrement nouveau... » Tandis que le comte pérore en saltimbanque, le parti de Sablé faiblit ; serré de près par ses assaillants, lui-même cherche d'un œil furtif, un coin par lequel il puisse faire retraite. Malheureusement les issues ordinaires sont obstruées. Le marquis va se voir cerné, percé peut-être de vingt épées, qui, pour le

quart-d'heure, tueraient très réellement. Dans un danger pressant on ne choisit pas les voies de salut : il aperçoit un trou dans un pan de décoration ; il se précipite sur cette toile peinte, et agrandissant l'ouverture par le choc de son corps, il disparaît en traversant une montagne.

« Bravo, » s'écria Grammont en battant des mains ; « retraite ingénieuse ; j'en ferai « part à M. le maréchal de Luxembourg. »

Les applaudissements du comte facétieux avaient de l'écho aux loges : une dame y applaudissait de toute la puissance de ses blanches mains ; et quand le combat eut pris fin, faute de combattants, cette dame quitta la salle en disant : « Grâce à Dieu, ceci s'est passé sans « effusion de sang, il n'y a de mort que la « pièce..... » Cette dame, c'était madame veuve Lully, continuatrice du privilège de l'Opéra, qu'elle faisait gérer par MM. Dumont et Francine, ses gendres. Elle ne se trompait pas, la comédie-critique ne fut plus jouée..... Les comédiens comprirent que le public ne voudrait plus la voir sans les évolutions et le combat (1).

Cependant l'Académie royale de Musique ne produisait rien de nouveau, et, dans notre beau pays de France, la vogue est une friande qui ne vit que de primeurs : *Athis*, *Roland*, *Proserpine*, *Amide* même ennuyaient; si cette dernière avait encore des enchantements, c'était derrière le rideau.

Lorsque les deux grands athlètes de la scène lyrique eurent disparu, des tentatives assez fréquentes furent faites; des noms dès-lors célèbres, et qui sont devenus illustres plus tard, se mêlèrent à ces tentatives : lueurs passagères qu'on vit brilloter un instant et s'éteindre sur la tombe de Quinault et sur celle de Lully. De 1689 à 1694, on joua successivement, à l'Académie royale de Musique, *Thétis et Pelée*, poème de Fontenelle, musique de Co-

---

(1) Manuscrit de la comtesse de B***

lasse; *Astrée* de La Fontaine, et du même compositeur ; *Coronis*, pastorale : paroles, Baugé, musique, Théobald ; *Circé*, tragédie lyrique : paroles, madame Saintonge, musique, Desmarets ; *Céphale et Procris :* paroles, Duché, musique, mademoiselle Laguerre ; *Didon*, tragédie lyrique : paroles, madame Saintonge, musique, Desmarets ; *Enée et Lavinie*, tragédie-opéra : paroles, Fontenelle, musique, Colasse ; *Medée et Jason :* paroles, Thomas Corneille, musique, Charpentier. Mais toutes ces nouveautés, dont plusieurs ont été refaites depuis, passèrent, non pas sans bruit ; car les successeurs de Lully s'étaient efforcés d'en produire beaucoup à l'orchestre et sur le théâtre ; mais sans faire la moindre sensation, soit justice, soit prévention, tout opéra nouveau était accueilli froidement : poètes et compositeurs n'obtenaient, dans l'opinion publique, que l'application du bon mot d'une dame de la cour sur les successeurs du grand Turenne : « Tous ces gens-là, disait-on, sont

» la petite monnaie de Quinault et Lully. »

Dumont et Francine se désespéraient. Les directeurs de nos jours, en pareille occurrence, appelleraient à leur secours des compositeurs italiens ou allemands et des danseuses espagnoles ; ceux du XVII.e siècle s'avisèrent d'un expédient moins inhérent à leur privilège : vous allez voir. Un jour que Ninon assistait à l'une des tragédies lyriques dont j'ai consigné ci-dessus la notice quasi-nécrologique, Dumont vint la saluer dans sa loge: mademoiselle de Lenclos fut enchantée de cette visite : il y avait long-temps, lui dit-elle, qu'elle voulait donner à l'une de ses petites pièces un bon maître à danser, et le sieur Pecourt lui paraissait devoir être très propre à ce genre d'enseignement. — « Je vous l'enverrai demain, mademoiselle, répondit le directeur avec un sourire dans lequel perçait quelque malice : le gendre de Lully avait parfaitement compris qu'il s'agissait beaucoup moins en ceci d'une édu-

cation à faire que d'une longue expérience à exercer... Mademoiselle de Lenclos avait alors soixante-onze ans. Ce fut quelques mois après que Pecourt rencontra chez Ninon le comte de Choiseul, amant passablement rebuté par cette dame. Celui-ci, voyant le danseur vêtu d'une espèce d'uniforme, lui demanda avec hauteur dans quel corps il servait. — « Mon-
» sieur, répondit le danseur, je commande
» un corps où vous servez depuis longtemps. »
Et qu'on vienne dire encore que les danseurs n'ont de l'esprit que dans les jambes.

Cependant Dumont n'était pas content du tout d'avoir ébauché la connaissance de Pécourt avec l'Aspasie du XVIIe siècle. « Mon cher, dit-il un jour à Francine en songeant à cette négociation gratuite, au courtage de nos chanteurs et danseurs, il n'y a pas de l'eau à boire : les femmes ne sont jamais généreuses à l'endroit des entremetteurs ; elles ne se montrent reconnaissantes que pour les bienfaits directs. Quant à nos dames pensionnaires, c'est productif. Tiens, en ce moment il y a, je crois, une belle affaire à conduire : monseigneur le Dauphin a remarqué la figurante Fanchon Moreau ; depuis quelques temps, il ne manque pas une représentation ; enfin, aujourd'hui même, j'ai reçu l'ordre d'envoyer la demoiselle à Choisy. »

— Et tu l'enverras sans conditions préalables, demanda vivement Francine.

— Me prends-tu pour un Claude ? il faut trouver un obstacle.

— Supposer des principes à Fanchon, par exemple.

— Une figurante d'Opéra... les principes seront bien peu vraisemblables.

— Est-ce que les grands seigneurs se connaissent en moralité... Par qui la demande t'a-t-elle été faite, au nom de *monseigneur ?*

— Par le marquis de La Farre.

— Ah diable ! tant pis ; celui là n'est pas facile à abuser sur les vertus pudibondes : il en a tant fait périr. Cherchons un autre moyen.

— Si l'on supposait un engagement pris, des arrhes reçues et qu'il fallût rendre...

— Pas mal imaginé... A combien fixerons-nous les arrhes à rendre et les honoraires.

— A cinq cents pistoles..... quatre cents pour nous, cent pour Fanchon...

— Elle n'aura, parbleu, pas à se plaindre : les produits de la représentation nous reviennent de droit... nous ne sommes tenus qu'à payer ses appointements.

— Et ses feux, ajouta l'autre en riant.

— Voilà donc qui est convenu ; nous poserons ce soir nos conditions au marquis de La Farre, et comme il tient peu à l'argent pour son propre compte, il n'y a pas à craindre qu'il se montre économe de celui du Dauphin.

Le soir, l'aimable convive des petits soupers de Choisy vint en effet savoir ce qu'avait décidé la belle Fanchon Moreau. On ne s'était pas même donné la peine de la consulter ; cette démarche eût été superflue : une condescendance qu'on devait lui payer cent pistoles ne pouvait paraître douteuse ; elle en livrait tous les jours à beaucoup moins. On formula donc à M. de La Farre la condition arrêtée le matin entre les deux directeurs.

— Bien, bien, répondit le spirituel épicurien, je comprends à merveille : l'exploitation de la scène lyrique ne va pas ; celle des actrices vaut mieux. Après tout, elles sont vos pensionnaires ; il est juste qu'elles rapportent d'une manière ou d'une autre.

— Je vous jure, monsieur le marquis, s'écria Francine...

— Eh ! qui diable vous demande des serments ? interrompit le gentilhomme... Est-ce que je vous blâme, moi ?.... l'article est demandé, c'est le cas de le faire valoir.

— C'est que nous ne voudrions pas qu'on pensât, dit à son tour Dumont...

— Je penserai ce que vous voudrez ; je ne penserai même pas du tout, si cela vous accommode, quoique pour l'ordinaire, l'éclipse de pensée ne se prononce chez moi qu'après souper... Heureuse bestialité, va ! tu as bien ton mérite... Ainsi, messieurs, demain matin je vous apporte cinq cents pistoles, si monseigneur me les remet, s'entend... car, hier, le lansquenet et ma bourse se sont pris corps à corps, et ma bourse a succombé... A propos, connaissez-vous l'épigramme de Racine sur le *Germanicus* de Pradon?

— Non, monsieur le marquis, répondit Francine en se frottant les mains ; mais nous savons que la pièce est tombée.

— A plat... Mais c'est l'épigramme que je veux vous dire... Attendez donc... diable de Chaulieu, avec son vin d'Aï, il entortille ma mémoire... Vieil ivrogne, va, celui qui t'a fait prêtre en rendra compte devant Dieu... ou devant l'autre... Ah ! m'y voici :

Que je plains le destin du grand Germanicus,
Quel fut le prix de ses rares vertus ?
Persécuté par le cruel Tibère,
Emprisonné par le cruel Pison,
Il ne lui restait plus, pour dernière misère,
Que d'être chanté par Pradon.

Hein! messieurs, voilà du nanan pour vous: le *De Profundis* d'une pièce de la Comédie Française fait chanter un *Te Deum* à l'Opéra... Bonjour et à demain.

M. le duc de Chartres aimait beaucoup La Farre, qui fut plus tard son capitaine des gardes. En sortant de l'Opéra, le marquis se rendit chez Son Altesse, qu'il amusa beaucoup en lui racontant la spéculation de Dumont et Francine...

— Une idée! s'écria le jeune prince après avoir entendu le récit de La Farre. Les demoiselles Moreau sont deux à l'Opéra : Fanchon, très jolie brune, ma foi, et Louison, grosse fillaude d'une laideur repoussante. Mais le Dauphin est bien capable de la trouver charmante, en la comparant à mademoiselle Chouin, qui est horrible.

— Ensuite, monseigneur?

— Comment, vous ne comprenez pas? Allons décidément, marquis, vous vous *léguminisez*... Eh bien, puisqu'il faut vous renvoyer à l'alphabet de l'intrigue, il s'agit tout naturellement d'expédier Louison la laide à Choisy, et de diriger Fanchon la jolie vers le Palais-Royal.

— Mais le Dauphin ne s'y méprendra pas.

— Allons donc, après le diner de Son Altesse, il n'y a plus de laides : c'est à cette heure là que mademoiselle Chouin lui a paru jolie.

— Il fallait qu'il eût bien diné. Votre Altesse tiendra donc compte à son cousin de cinq cents pistoles.

— Plus tard, assurément; mais au premier moment si le cousin ne paye pas pour que je m'amuse, le tour sera manqué. Cette aventure doit me procurer deux plaisirs : la possession de la petite d'abord, ensuite le joyeux passe-temps d'apprendre tout ceci au Dauphin, et de l'en faire rire lui-même.

Je ne sais pas comment cela se fit, mais la substitution eût lieu : monseigneur ne s'en plaignit pas; Louison, que les galants négligeaient, s'en félicita, et Fanchon, dont l'expérience était grande, trouva le tour de M. le duc de Chartres du meilleur goût.

L'héritier de la couronne avait décidément adopté l'Opéra : quinze jours s'étaient à peine écoulés depuis l'aventure des sœurs Moreau, lorsque Son Altesse royale s'éprit d'une flamme très vive pour une jeune chanteuse appelée Claire Vilbert, et qui n'avait pas plus de quatorze ans. Monseigneur chargea Francine de faire des propositions à cette très jeune personne, en lui remettant un riche cadeau. Claire repoussa la déclaration qui lui était faite par l'entremise de son directeur, et refusa le présent. Mademoiselle Vilbert arrivait à l'âge où les petites filles commencent à comprendre l'amour; mais elle était encore loin de celui où l'on calcule avec lui. L'entremetteur, peu habitué à de semblables difficultés, ne savait comment apprendre au Dauphin que ses offres n'avaient point été accueillies.

— Le prince doit-il venir ce soir à l'Opéra? lui demanda Claire.

— Vraiment oui, et voilà ce qui m'embarrasse.

— Calmez-vous, mon directeur.... Je me charge de tout.

— Je serais curieux de savoir comment, lorsqu'à ma connaissance vous ne vous chargez de rien.

— Les petites filles en savent quelquefois plus long que les vieux mondains.

— Parbleu, je le sais bien, et c'est précisément pour cela que je suis surpris.....

— Qu'il ne me convienne pas de servir d'amusette à un prince... Mon maître Francine, vous ne connaissez pas le cœur d'une femme; sachez donc qu'elle ne fait jamais un marché plus désirable, à son gré, que lorsqu'elle le donne, ce cœur là.

— Je vous comprends, petite rusée..... quelque drôle, chanteur ou danseur....

— Ce n'est pas une confession que vous me

demandez, je suppose, mais un moyen : j'en ai un, ne vous inquiétez de rien....

— Ne puis-je en être informé, de ce moyen?

— Non, vous le verrez.

— Mais le prince, que lui répondrai-je?

— Cachez-vous quand il arrivera.

— Ma foi, c'est le parti que je prendrai.

— A la bonne heure.

Le soir, monseigneur se rendit à l'Opéra longtemps avant le spectacle; il attendit avec une douce confiance dans sa loge, que Francine vint lui rendre compte du succès qu'il avait infailliblement obtenu : les grands ne doutent jamais de la réussite de ce qu'ils désirent; ils trouvent ordinairement la servilité si docile! mais précisément par cette raison, leur patience est facile à lasser. De la cachette où il s'était tapi, le directeur vit son altesse royale s'agiter beaucoup; l'héritier du trône tambourinait de ses doigts endiamentés sur le velours de la balustrade, avec une précipitation progressive, signal évident d'un *crescendo* d'impatience quasi-souveraine ; et le pauvre gendre de Lully se disait : cette impatience, c'est la foudre dont le moindre éclat peut tuer mon crédit. Il se sentait défaillir, lorsque l'orchestre se prit à jouer la ritournelle d'un air connu, mais complètement étranger au spectacte du jour. Tout aussitôt, le rideau s'étant levé à moitié, Claire s'avança jusque sur le bord du théâtre, et tournant ses regards vers la loge du dauphin, elle chanta ce refrain vulgaire, mais tout-à-fait de circonstance :

>Je ne saurais,
>Je suis encor trop jeunette ;
>J'en mourrais.

Les musiciens reprirent l'air et le jouèrent jusqu'à ce que le rideau, dans sa lente majesté, eût achevé son ascension. Il est probable que pas une pénétration féminine, dans la salle, ne manqua de comprendre le scrupule chanté à grand orchestre que la petite Vilbret venait de faire entendre à son royal adorateur ; pourtant le dauphin finit par en rire. Aujourd'hui, un tel expédient serait un outrage : vicieux on veut passer pour sage ; à la fin du XVIIe siècle, on avait la candeur du vice.

Jusqu'alors la jeune cantatrice, à peine aperçue sur la scène de l'Opéra, n'avait pu faire remarquer ni sa voix ni son talent, déjà très-formés. A partir de cet événement, dont Louis XIV n'osa pas s'égayer devant madame de Maintenon, Claire, plus renommée, grâce à un éclair de présence d'esprit, qu'elle n'eût pu l'être après une année d'efforts, fut demandée aux directeurs par une multitude de lettres closes ; en moins de trois mois elle passa du dernier rang des actrices au premier. Prenez note, je vous prie, de cette fortune d'Opéra due à la chasteté ; je n'aurai pas souvent à vous entretenir de semblables phénomènes..

Les fonctions assez peu artistiques, comme on vient de le voir, que Francine et Dumont s'étaient attribuées en exploitant leur personnel, sans le concours des poètes et des compositeurs, n'étaient pas propres à relever l'Opéra, et par malheur, les pièces qu'ils firent jouer jusqu'à la fin du siècle, ne contribuèrent pas beaucoup plus à le tirer de cette situation critique. On fit passer sous les yeux du public, sans rendre les oreilles attentives, sans émouvoir le cœur, *Amadis de Grèce*, tragédie-opéra : paroles, La Motte, musique, Destouches; *Les amours de Momus*, ballet : dialogue, Duché, musique Desmarets ; *Ariane et Bacchus*, tragédie-opéra : paroles Saint-Jean, musique, Marais ; *Aricie* : paroles, Pic, musique, La Coste; *Le Carnaval de Venise*, ballet (refait au xix° siècle), dialogue, Regnard, musique, Campra ; *l'Europe galante*, ballet : dialogue, Lamotte, musique, Campra; *les Fêtes galantes*, ballet : dialogue, Duché, musique, Desmarets ; *Jason*, tragédie-lyrique: poème, J.-B. Rousseau, musique Colasse; *Issé*, pastorale : paroles, La Motte, musique Destouches; *Marthésie*, tragédie-opéra, des mêmes auteurs; *Méduse*, tragédie-opéra : paroles, l'abbé Boyer, musique, Gervais : *la Naissance de Vénus*, pastorale: dialogue, Pic, musique, Colasse; *les Saisons*, ballet: dialogue, Pic, musique, Louis Lully et Colasse; *Théagène et Chariclée*, imitation d'un délicieux roman grec: paroles, Duché, musique, Desmarets; *Vénus et Adonis*, tragédie-opéra: poème, Rousseau, musique, Desmarets; enfin *le Triomphe des Arts*, ballet où les arts ne triomphèrent point du tout, malgré les efforts réunis de la Motte et la Barre.

Cependant il serait injuste de ne pas reconnaître que si le poème lyrique ne fit pas de progrès sous la plume des successeurs de Quinault, ils ne le laissèrent pas tomber sensiblement : il y avait de grandes beautés dans beaucoup des ouvrages joués depuis 1687; mais il n'y avait pas un seul opéra réellement beau. Peut-être, mis en musique par Lully, ces compositions eussent-elles égalé *Cadmus*, *Athis* et même *Armide*; mais les successeurs du célèbre compositeur, tout en continuant son école, ne surent pas, comme lui, communiquer l'étincelle lyrique à la pensée du poète. Colasse, Desmarets, Destouches, Marais, et surtout Campra, étaient des musiciens de talent : ils avaient de l'habileté; mais le génie leur manquait. Vous avez remarqué que, dans la nomenclature des pièces nouvelles jouées à l'Opéra, de 1687 à 1700, les ballets dominèrent : cela se conçoit, on n'avait pu communiquer assez de mouvement aux inspirations poétiques et musicales ; on en donna beaucoup aux jambes des danseurs. Nous avons vu cela se renouveler de nos jours; mais ne confondons point : sous le règne du grand roi, ce n'était pas sur les formes académiques des danseuses que l'administration de l'Opéra spéculait : non-seulement leurs grâces, lorsqu'elles en avaient, étaient encore ensevelies en 1700 dans un salmigondis de chiffons ; mais l'art chorégraphique, proprement dit, était à naître. Ces charmantes pantomimes, qui depuis ont fait la fortune de l'Opéra par leur entente vraiment dramatique : les compositions grâcieuses des Noverre, des Gardel, des Laborie, des Taglioni, des Milon, des Albert, ne furent pas même soupçonnées jusqu'à la seconde moitié du xviiie siècle : ce que l'on appelait alors un ballet ne différait du poème lyrique que par une alternative monotone de dialogue chanté ou récité, et de danses dites nobles, qui n'étaient que pesantes. On ne peut pas dire, toutefois, qu'elles fussent dépourvues de caractère : par intervalle, l'imaginative des maîtres de ballets enfantait des entrées qui eussent été d'un effet original, si les grâces et la légèreté, conditions sans lesquelles il n'y a point de danse supportable, eussent eu quelque part dans l'exécution. Je ne dis plus qu'un mot à cet égard : la véritable danse théâtrale ne date que du premier Vestris ; il fut le créateur d'un Olympe nouveau, dont son fils devait être un jour le Jupiter.

En 1701, la première représentation d'*Aré-*

thuse, ballet-opéra de Danchet, musique de Campra, se distingua par la manifestation individuelle d'un goût qui se prononçait de plus en plus dans le public, depuis que la danse était devenue à peu près l'unique élément de succès à l'Opéra. Dès la première représentation, *Aréthuse* menaçait chute, et les auteurs délibéraient, en petit comité, sur les moyens de soutenir l'ouvrage. La Farre, qui avait ses entrées partout, s'approcha alors de Campra.

— Ecoutez, mon petit Orphée, lui dit-il en caressant ses dentelles, au train que prennent les choses à l'Opéra, j'ai un bon conseil à vous donner.

— Pour sauver *Aréthuse* ?

— Aréthuse, qui fait grelotter tout le monde, malgré la chaleur mythologique qu'eût dû lui communiquer le brûlant Alphée.

— Votre conseil, monsieur le marquis, s'écria Campra, d'autant plus impatient qu'il entendait le parterre siffler plus fort.

— Le voici : Alongez les danses et racourcissez les jupes des actrices.... et le malin gentilhomme tourna le dos aux auteurs, sans attendre leur réponse.

Huit jours après, le bon mot de La Farre, répété dans les petits-soupers, était l'unique témoignage du passage d'*Aréthuse* sur la scène de l'Opéra.

Le marquis de La Farre était, à la fin du XVIIe siècle, ce qu'on appelait un débitant de *joliades*, c'est-à-dire, en termes explicites, un médisant spirituel, qui, pour accréditer un coup de langue, ne reculait pas devant un coup d'épée. Ce seigneur, dans sa première jeunesse, s'était hâté de dissiper son patrimoine, ce qui ne l'avait pas occupé longtemps. Puis, débarrassé de ce soin, et dominé par ce regret ordinairement tardif qui suit la ruine des dissipateurs, il avait senti son humeur tourner à l'aigre. La société ne lui offrant plus qu'avec parcimonie ces plaisirs qu'elle prodigue lorsqu'on peut les acheter, il se plut à la considérer sous le point de vue de ses travers, et se vengea, par une inépuisable série d'épigrammes, des gens heureux, toujours coupables aux yeux de ceux qui ne le sont pas, ou qui ne le sont plus, même par leur faute. Dans les premiers mois de l'année 1704, La Farre avait mené à l'Opéra un noble campagnard de ses amis.

— Parbleu, mon cher marquis, je fais une singulière remarque, lui dit ce gentilhomme, après avoir promené assez longtemps sa lorgnette sur le triple rang de beautés qui s'épanouissaient dans les loges, comme des guirlandes aux vives couleurs, qu'une opulence coquette eût entremêlées de pierreries.

— Quelle est donc cette remarque, mon cher baron?

— C'est que toutes les femmes de qualité que je vois ici paraissent grosses.

— Paraissent est bien le mot; plusieurs d'entre elles seulement le sont en effet, quelques-unes même sans avoir mission légale pour cela, ajouta tout bas La Farre.

— En vérité, marquis, votre Paris est le pays des plus étranges bizarreries.

— D'où venez-vous donc, si vous pensez qu'on puisse y fixer l'attention par des choses naturelles.

— Ceci n'est point une explication ; je voudrais savoir pourquoi ces dames semblent se plaire maintenant à se grossir ridiculement la taille. Dans ma jeunesse, on eût pu croire qu'elles aspiraient à tenir dans un cercle de tabatière : elles eussent étouffé sous l'étreinte de leur corset triplement baleiné, plutôt que d'accorder deux lignes de lacet à la nature.

— Vous reverrez cela, mon cher baron, quand madame la duchesse de Bourgogne sera accouchée.

— Ah ! je comprends...... ces grossesses postiches sont des imitations par courtoisie.

— C'est vous qui l'avez dit. Et puis c'est

un petit expédient dont on use quelquefois pour brouiller les calendriers.

— Bon ! bon ! cela peut servir quand les maris reviennent de la guerre.

— Si l'on y regardait de bien près, on verrait que toutes les modes inventées par ces dames ont un but secret : faire valoir une perfection, déguiser un défaut, ou protéger un mystère.

— Mon cher ami, nous sommes à l'Opéra ; ne cherchons point à débrouiller ce peloton de fil qu'on appelle le naturel féminin.

— Maintenant surtout que les dames en sont revenues à porter un masque dans la rue.

Danchet et Campra exercèrent, pendant quinze à seize ans, une sorte de monopole à l'académie royale de musique : ils furent le Quinault et le Lully de l'époque, moins les inspirations du génie, plus l'excessive fécondité ; ce qui, à tout prendre, ne pouvait établir une compensation. De 1700 à 1716, ce poète et ce compositeur seuls firent jouer à l'Opéra dix ouvrages : *Amarilis, les amours de Mars et de Vénus, Hyppodamie, Hésione, Idomenée, Iphigenie en Tauride, Tancrède, Télémaque* et *Téléphe;* non compris deux espèces de macédoines lyriques, intitulées : *Fragmens de Lully,* et *Fragmens modernes,* arrangés par ces deux auteurs. Voici ce que j'ai lu à ce sujet sur un vieux registre que conservait encore l'administration de l'Opéra, lorsque M. le comte de Luçay avait la surintendance de ce théâtre, alors impérial.

FRAGMENTS.

« On a donné en différens temps plusieurs
« opéras sous ce titre général: on appela *Frag-*
« *ments de Lully,* l'extrait de plusieurs mor-
« ceaux de musique, mis au théâtre en 1702,
« par Campra; Danchet en fit les paroles. *Les*
« *fragments modernes* sont une pièce extraite
« des opéras modernes, dont les morceaux
« détachés formèrent avec art une tragédie en

« cinq actes. Danchet pour la poésie, Cam-
« pra pour la musique, se chargèrent de l'ar-
« rangement de cette pièce, qui fut représen-
« tée en 1704. On a depuis donné le nom des
« fragments à la réunion des différents actes
« détachés dont on formait un spectacle, et
« c'est ce qui se pratique encore très-souvent,
« suivant le gré des directeurs de l'Académie
« royale de musique; » et faute d'autres
moyens de succès, pourrait-on ajouter à
cette note très-significative.

En effet, ce fut toujours dans les temps
de pénurie que l'on eut recours, à l'Opéra
comme ailleurs, aux vieilles renommées, pour
couvrir du bruit de leurs clairons glorieux,
les sifflets mérités par les réputations nouvelles. Ainsi dans les seize années qui s'é-
coulèrent de 1700 à 1716, Danchet et Cam
pra donnèrent à l'Académie royale de musi
que douze nouveautés, y compris les fragments. De plus, on représenta sur ce théâtre,
le *Carnaval et la Folie :* paroles, Lamotte, mu-

sique Destouches; *Médus:* paroles, La Grange-Chancel, musique, Desmarets ; *Pygmalion :* paroles, Lamotte, musique la Barre ; *Polixène et Pyrrhus:* paroles, La Serre, musique Colasse; *Scylla :* paroles, Duché, musique Théobald ; enfin, *Sémeté :* paroles, La Motte, musique Marais.

Quelques uns de ces ouvrages obtinrent un succès éclatant ; mais aussi plusieurs tombèrent aux premières représentations ; le surplus se traîna languissamment, sans exciter ni plaisir ni critique amère.

V.

CRITIQUE ET VARIÉTÉS ANECDOTIQUES.

En général, les opéras de La Motte et de Danchet étaient bien accueillis. Le premier de ces écrivains est le poète qui, après Quinault, saisit le mieux le véritable esprit du genre, en le jugeant au point de vue de son temps. Ainsi La Motte savait mettre dans ses vers cette molle élégance, cette douceur d'expression, ces petites pensées fines, ces riens tournés en madrigaux qui faisaient toujours fortune à l'Opéra, à une époque où la critique même n'exigeait pas une marche vraiment dramatique dans le poème lyrique. La Motte n'était pas organisé pour la haute poésie : il possédait à un degré supérieur l'esprit agréable, si l'on peut reconnaître de la supériorité en cela ; il savait embellir avec art les choses communes ; en un mot, son imagination, sans jamais s'élever, se montrait ingénieuse à orner délicatement le sujet qu'il traitait. On doit penser, toutefois, que ce travail, surtout lorsqu'il était assujéti aux règles de la poésie, lui coûtait quelques efforts, car il se déchaîna souvent contre la versification, qu'il comparait aux subtilités d'un charlatan qui ferait passer des grains de millet par le trou d'une aiguille.

Danchet, sans avoir autant de grâce que La Motte, entendait mieux que lui la construction d'un poëme lyrique ; la marche de ses opéras était régulière, les incidents s'y enchaînaient bien et ne tranchaient jamais avec disparité sur le fond de l'action : qualité que trop peu de dramatistes ont possédée. Quoique doué d'un mérite réel, Danchet ne sut point faire mouvoir les grands ressorts du drame qui émeuvent, qui entraînent. Il plaisait à l'esprit et ne touchait que faiblement le cœur. Ce poète avait le défaut de tous ceux qui, ne pouvant s'élever par la puissance du génie, déguisent, par la recherche, l'affèterie et l'emphase, l'insuffisance d'inspiration. Il aimait les mots pompeux, les phrases à effet : sous ce rapport, il était de l'école de La Calprenède, à laquelle nous sommes revenus, de nos jours, avec quelques variantes, auxquelles le ridicule est loin d'avoir perdu. Voici un témoignage du goût outré de Danchet, pour ce qu'il appelait la noblesse de l'expression.

Un jeune écrivain le consultait un jour sur une pièce de vers commençant ainsi :

Maison qui renfermez mon aimable maîtresse.

L'auteur lyrique interrompit l'autre : le mot *maison* est bas, dit-il ; mettez *palais*. Le jeune homme ayant recommencé, répéta *maison*. « Je vous ai déjà dit, reprit Danchet, de mettre *palais*. »—« Hélas ! monsieur, répliqua le jeune nourrisson des muses, ma maîtresse est à l'hôpital. » Cette réponse candide était un trait de critique fort aigu.

Regnard, si célèbre par ses délicieuses comédies, fit un seul opéra-ballet, qu'on a refait, de nos jours, avec plus d'entente chorégraphique, mais assurément avec un comique moins heureux : c'était *le Carnaval de Venise*, dont Campra composa la musique. Regnard, qui n'avait pas coutume de peindre les mœurs, comme Vertot fit plus tard le siège des villes, du fond de son cabinet, avait reproduit dans son ballet tout ce que la reine de l'Adriatique offre de spectacle pendant son célèbre carnaval, rendez-vous de toutes les folies, prétexte de toutes les intrigues, lice heureuse de tous les amours. Comédie, opéra, concerts, jeux, danses, combats, mascarades, étaient représentés sur la scène de l'Académie royale de Musique, dans une action ingénieuse et spirituelle, que le compositeur Campra avait su animer encore par une musique gaie et souvent imitative. Il faut dire aussi que *le Carnaval de Venise*, joué en 1699, offrit, portée jusqu'à une certaine exactitude, l'imitation des costumes, et que les décorations, grâce aux conseils de Regnard, ne manquaient pas de vérité.

Campistron mérite encore d'occuper un rang distingué parmi les successeurs de Quinault. Cet écrivain, qui se donnait le titre singulier de commandeur de Chimènes, eut pour guide, dans la carrière dramatique, le grand Racine ; et, chose surprenante, ce fut dans un genre que l'illustre tragique n'aborda point que son élève réussit le mieux ; c'est-à-dire dans l'opéra. *Acis et Galatée* est le premier ouvrage lyrique de ce poète ; Lully en avait composé la musique ; mais, joué en 1686 chez le duc de Vendôme, à son château d'Anet, il ne fut représenté à Paris que longtemps après la mort du célèbre musicien. Monseigneur de Vendôme avait été si satisfait du poëme d'*Acis et Galatée* qu'il envoya cent louis à Campistron après le spectacle..... L'auteur refusa cette somme et la renvoya au prince, avec une charmante lettre, dorée d'expressions du plus noble désintéressement..... C'était beau — Non, c'était adroit : Campistron avait trouvé le cadeau trop petit. Il en obtint en effet un plus gros ; le tour était fait.

Campistron fut moins heureux pour son opéra d'*Achille et Polixène*, dont le sieur Colasse avait composé la musique : l'unique succès qui résulta de cette composition, fut celui des épigrammes dont les auteurs furent stygmatisés. Nous en citerons une :

>   Entre Campistron et Colasse
>   Grand débat s'émeut au Parnasse
> Sur ce que l'opéra n'a pas un sort heureux.
> De son mauvais succès nul ne se croit coupable :

L'un dit que la musique est plate et misérable ;
L'autre que la conduite et les vers sont affreux ;
Et le grand Apollon, toujours juge équitable,
Trouve qu'ils ont raison tous deux.

Un monsieur de Saint-Gilles avait fait ou fait faire une chanson sur le pauvre opéra : car vous saurez qu'à cette époque, il fallait, quelque noble qu'on fût, paraître avoir de l'esprit ; ce qui n'était souvent possible que par substitution. Or, voilà qu'on attribua aux dames Déshoulières la chanson de Saint-Gilles ; *subito* celui-ci composa une autre chanson réclamatrice de la première, où l'auteur disait :

Pourquoi, mesdames Deshoulières,
M'enlevez-vous tous mes couplets ?
Quoi, n'êtes-vous pas assez fières
Des beaux vers que vous avez faits.

Restituez donc à Saint-Gilles,
Le faible honneur de ses chansons ;
Contentez-vous de vos idylles,
Et retournez à vos moutons.

Les deux bergères du Parnasse répondirent :

> Si le public à l'aventure,
> A répandu sous notre nom
> L'agréable et vive peinture
> De l'opéra de Campistron ;
> Il ne vous a point fait d'outrage,
> N'en soyez pas mal satisfait :
> Ce n'est pas tant pis pour l'ouvrage,
> Quand on dit que nous l'avons fait.

Plus que cela de modestie ! s'écrierait aujourd'hui, en lisant ces vers, un héros d'Eugène Sue, taillé sur le patron de Tortillard.

Encore un mot sur Campistron : les opéras comme les tragédies de cet auteur, ont des beautés et des défauts qui signalent la précipitations d'un homme d'esprit : on y trouve les peintures brillantes, des traits frappants, des situation intéressantes, des incidents heureux ; mais en même temps des longueurs, des inégalités, des écarts qui énervent la force des caractères, refroidissent la chaleur des sentiments, ralentissent la marche de l'action. Chez lui, ce n'est point le goût qui dispose et conduit les évènements, l'esprit seul préside à ces opérations; l'art fait mille efforts où la nature seule devrait agir. Campistron manque de cette véhémence, de ce pathétique qui transporte le spectateur au lieu de la scène, l'intéresse au sort des acteurs, et le passionne, si je puis parler ainsi, pour chaque personnage.

Tant que Lully a vécu, le bon La Fontaine s'était tenu éloigné de l'Opéra, qu'il boudait, à cause de l'infortunée *Daphné.* Après la mort du célèbre *maestro*, l'excellent conteur mit fin à sa bouderie, et il eut tort. Son *Astrée* eut le mauvais sort que Lully avait épargné a la pastorale repoussée, et le musicien Colasse partagea une disgrâce qu'il avait moins méritée que son collaborateur.

A la première représentation de l'ouvrage, La Fontaine était dans une loge, derrière des dames qui ne le connaissaient point.

—Cela est détestable, s'écriait-il à chaque instant.

— Eh! monsieur, répondirent les dames, lasses d'entendre cette détraction incessante, cela n'est pas si mauvais.

— Vous êtes bien indulgentes.

— Et vous bien sévère : sachez donc que l'auteur est un homme de beaucoup d'esprit.

— Il ne l'a pas prouvé dans cette pièce : elle ne vaut pas le diable.

— C'est impossible, elle est de monsieur La Fontaine.

— Eh bien! mesdames, ce La Fontaine est un stupide animal : c'est lui qui vous l'assure.

Sur ce, l'inimitable fablier salua les dames, sortit de l'Opéra avant la fin du premier acte d'*Astrée*, et se rendit au café Marion, où il s'endormit dans un coin. Quelqu'un de sa connaissance étant survenu, lui frappa sur l'épaule en lui disant :

— Quoi! monsieur La Fontaine, vous dormez pendant qu'on joue votre pièce?

Il y en a bien d'autres, répondit le poète sans ouvrir les yeux.

— N'avez-vous donc pas eu l'envie d'assister à la représentation?

— J'en viens... j'ai *essuyé* le premier acte, qui m'a si prodigieusement ennuyé que je n'ai pas voulu en entendre davantage... J'admire la patience des Parisiens.

Puis l'auteur d'*Astrée* se retourna sur sa chaise et se rendormit.

Parmi les disciples de Lully, continuateurs de son école, Campra fut incontestablement celui qui marcha le plus près de ce compositeur, qu'il surpassa peut-être par la grâce, la variété, et surtout la vivacité de sa musique. Destouches, avec moins de talent que Campra, eut plus de bonheur; il obtint la surintendance de la musique du roi, vacante à la mort de Lully, et fut inspecteur général de l'Académie royale de Musique. Après la première représentation d'*Issé,* Louis XIV dit à ce musicien qu'il était le seul qui ne lui eût point fait regretter Lully. Et cependant Destouches ignorait les premières règles de la composition. Lorsqu'il fit *Issé,* il dut recourir à d'autres compositeurs pour écrire sa partition. Mais il avait ce que toutes les études du monde ne peuvent donner, l'invention. Destouches ayant appris dans la suite à plier l'inspiration aux lois de l'harmonie, ne s'éleva jamais à la hauteur du premier essai de sa muse inculte. Cela se voit tous les jours ; l'art ambitieux altère la nature en voulant la soumettre à son joug : c'est l'espalier auquel le jardinier a su donner une forme régulière ; ses rameaux se sont courbés ; mais il souffre, il est appauvri de sève. Néanmoins, Destouches se distingua toujours par l'originalité et la fraîcheur des motifs ; il était *lui,* et nul avantage ne peut égaler celui-là. Or, cette qualité manquait absolument à Colasse : élève de Lully, il l'imita servilement et mérita cette épigramme :

Colasse de Lully craignait de s'écarter ;
Il le pilla, dit-on, cherchant à l'imiter.

Peut-être ce musicien eût-il montré plus d'inspiration si son imagination ne se fût pas égarée dans le pays des chimères : il croyait à la pierre philosophale. Lully l'avait trouvée telle que le laboureur mourant de la fable l'indique à ses enfants, par un travail long et soutenu ; Colasse fit des ouvrages imparfaits pour l'avoir cherchée, ce qui l'empêcha de la trouver.

Marais, qui fit la musique d'*Alcide*, d'*Ariane* et d'*Alcyone*, fut assez mal secondé pour le premier de ces opéras par Campistron : cette tragédie-opéra éprouva à la première représentation une lourde chute, et ne laissa de souvenir après elle que celui du quatrain, que voici :

A force de forger on devient forgeron :
Il n'en est pas ainsi du pauvre Campistron ;
Au lieu d'avancer, il recule ;
Voyez Hercule.

Marais avait composé la musique d'*Alcide* en collaboration avec Lully fils aîné ; cet échec n'était pas propre à encourager ce jeune homme. Il est vrai que pour son compte, Lully fils avait échoué, trois ans plus tôt, dans l'opéra d'*Orphée;* mais il est à présumer que, par respect pour la mémoire du grand compositeur, il avait été défendu de siffler son fils ; il résulta de cette défense le rondeau suivant :

Le sifflet défendu ! quelle horrible injustice !
Quoi donc ! impunément un poète novice,
Un musicien fade, un danseur éclopé,
Attraperont l'argent de tout Paris dupé,
Et je ne pourrai pas contenter mon caprice !
Ah ! si je siffle à tort, je veux qu'on me punisse ;
Mais siffler à propos ne fut jamais un vice :
Non, non je sifflerai : l'on ne m'a pas coupé
  Le sifflet.

Un garde à mes côtés planté comme un jocrisse
M'empêche-t-il de voir ces danses d'écrevisse,

D'honnir ces sots couplets et ces airs de jubé ?
Je le ferai jouer à la barbe du suisse,

Le sifflet.

Louis Lully, indigne fils (sous le rapport musical) de l'illustre compositeur Florentin, avait un jeune frère du nom de Jean, qui composa en 1703 un divertissement intitulé le *Triomphe de la raison*, et qui n'était pas le triomphe de l'harmonie.

Revenons à Marais : l'opéra d'*Alcyone*, fit quelque honneur à ce musicien, qui pour la composition de cette œuvre lyrique fut bien secondé par La Motte. On admirait surtout dans la partition de Marais une tempête d'un effet prodigieux. Un bruit sourd, s'unissant au son aigre des flûtes et autres instruments, rendait la sublime horreur d'une mer agitée et le sifflement des vents déchainés. En général, ce compositeur avait de l'imagination, de la fécondité, de la science et du goût. Ses opéras restèrent assez longtems au théâtre.

On comprend que la réponse fut unanimement affirmative. Le surintendant ordonna à Rebel de distribuer les parties et les rôles de son acte; on dressa une table dans l'orchestre, sur laquelle on fit monter l'enfant pour conduire; et tout aussitôt, il se prit à faire exécuter son œuvre avec toute la précision, toute la gravité d'un vieux *Maestro* d'Italie.

— Sangodemi! s'écria Lully, en voyant ce petit garçon à l'œuvre, il ne lui manque que la perrouque.

Sans doute la musique du Jeune Rebel n'était pas excellente; mais elle n'en fut pas moins trouvée telle, en raison de l'âge du compositeur. On l'admit dès lors comme violon à l'Académie de Musique, et jeune encore, il en dirigea l'orchestre. L'opéra d'*Ulisse*, que Rebel fit jouer en 1703, ne répondit pas aux espérances que ce compositeur avait fait concevoir dans un âge si tendre; mais on lui dut plusieurs morceaux de musique d'un mérite supérieur. Il composa entre autres une symphonie appelée le *Caprice*, qu'une danseuse charmante, Mlle Prevost, eut l'ingénieuse idée de danser à la cour ; ce qui fit la fortune de la symphonie et de la demoiselle.

Plusieurs acteurs et actrices de l'opéra, occupèrent diversement la renommée dans les dernières années du règne de Louis XIV.

Dumeni fut, après la retraite de Chassé, dont j'ai dit précédemment les vicissitudes, le premier acteur de l'opéra. Il était cuisinier chez un grand seigneur, lorsque Lully l'ayant entendu chanter un jour qu'il passait près du soupirail de sa cuisine, le demanda à son maître et lui fit apprendre la musique, qu'il ne sut cependant jamais parfaitement. Mais Dumeni avait une belle haute-contre, des traits nobles, une taille élevée et parfaitement prise, et les plus heureuses dispositions pour le théâtre ; aussi devint-il en peu d'années le plus parfait acteur lyrique de son temps. Il conserva le premier emploi à l'opéra pendant près d'un quart de siècle, et ne quitta la scène vers 1710, que pour obéir à une goutte assidue, qu'il avait bien provoquée, ainsi qu'on le verra tout à l'heure.

Nos chanteurs modernes soignent et ménagent leur voix comme une petite maîtresse : ils la mettent quelquefois au régime des œufs frais et du lait-de-poule, lorsque leur appétit solliciterait de l'aloyau et qu'ils sableraient volontiers l'Aï mousseux. Mais ils font taire ces convoitises anti-lyriques, s'ils savent calculer (et qui ne le sait pas aujourd'hui). La gastronomie a ses jouissances, le vin de Champagne ses séductions, et je passe sous silence des séductions bien plus impérieuses encore auxquelles le chanteur doit résister, pour ne pas tarir ce Pactole qui roule à travers sa vie théâtrale un traitement de 30, 40, 50, 60 et même 100 mille fr. Or, savez-vous ce qu'un premier sujet de l'Opéra gagnait sous la baguette de Lully et de ses successeurs mmédiats ? mille écus... Apollon lui-même, s'il fût descendu de l'Olympe pour jouer *Ro-*

land ou *Renaud*, n'aurait pas obtenu davantage. Vous concevrez donc parfaitement que Dumeni devait traiter sa voix en maîtresse de mousquetaire d'alors, ou, si vous l'aimez mieux, en Lorette de nos jours, le lendemain d'une rentrée survenue à son amant l'étudiant. Il avalait, dans le cours de chaque représentation, cinq à six bouteilles de vin de Champagne, ce qui, prétendait-il, soutenait singulièrement son chant. Pour le chant, je ne dis pas ; mais il dut arriver plus d'une fois qu'un tel régime le rendit incapable de soutenir honorablement son corps. Sans Dumeni, mademoiselle Rochois se sentait mal à l'aise en scène : il n'y avait que le talent de ce chanteur qui lui parût compatible avec le sien. Néanmoins, ils ne pouvaient se souffrir, peut-être pour s'être trop aimés dans les premiers temps de leur camaraderie. Lorsqu'ils se trouvaient ensemble sur le théâtre, ils se disaient mille injures, dans ces aparté hors sujet, d'autant plus insaisissables pour le spectateur, que l'expression des traits de l'acteur reste dans l'esprit du rôle.

Dumeni était à l'Opéra un véritable forban ; non-seulement il promenait ses caprices galants sur toutes les actrices, mais il ne se faisait aucun scrupule de s'emparer des bijoux qu'elles pouvaient avoir, après avoir mis leurs charmes au pillage. Cet acteur est le premier, au moins à l'Académie royale de Musique, qui ait passé le détroit pour donner des représentations à Londres : il en rapportait ordinairement mille pistoles. Duprez et madame Stoltz hausseraient les épaules à l'énoncé d'un s minime produit : le tarif des sons est singulièrement augmenté depuis le commencement du xviiie siècle. Mais la valeur intrinsèque du chanteur ou de la cantatrice, privé ou privée de sa voix, est restée la même. Un jour, au lieu de guinées, Dumeni rapporta d'Angleterre un enrouement obstiné, et s'anéantit pour le public, ainsi que, de nos jours, la pauvre petite Falcon, après une de ces excursions charmantes, dont les suites sont quelquefois cruelles pour les dames.

Thevenard, qui chantait la basse-taille à l'Opéra, était aussi contemporain de mademoiselle Rochois, qu'il vit arriver au théâtre, et dont il fut l'un des premiers adorateurs. Cette actrice, tant qu'elle eut des services à demander à son camarade, ou des leçons à recevoir de lui, se montra à son endroit reconnaissante et tendre; mais lorsqu'elle put voler de ses propres ailes, elle trouva Thevenard vieux, et fonda sans doute son ingratitude sur l'insuffisance des soins d'un tel amant.

Cependant la basse-taille de l'Opéra était romanesque dans ses amours, comme un soupirant des *Mille et une Nuits :* son mariage le prouva. Un jour, en se promenant, Thevenard vit sur la boutique d'un honnête savetier une pantoufle délicieuse... celle de Cendrillon eût été un soulier de porteur d'eau en comparaison. Tout-à-coup, notre acteur lyrique tombe amoureux fou de la personne à laquelle cette chaussure enchanteresse appartenait... « Est-elle jeune ? se dit-il en raisonnant avec lui-même ; qu'importe avec le pied que chausse cette pantoufle. Mais elle pourrait être laide... et son pied, donc, ne tient-il pas lieu de la beauté... Pourtant, si elle n'était pas sage, son pied n'en dirait rien... mais... Ici Thevenard devint quelque peu rêveur ; puis il s'écria : n'importe, n'importe, cent fois n'importe, j'adore cette femme-là, je l'idolâtre ; je veux l'épouser immédiatement... à moins qu'elle ne soit déjà mariée.

—Elle est demoiselle, répondit le savetier, que notre chanteur n'avait pas interrogé, mais qui avait tout entendu, parce que, dans sa délirante préoccupation, à propos d'une pantoufle, l'amant impromptu s'était pris à réfléchir tout haut.

—Elle est demoiselle, vous en êtes sûr ? s'écria Thevenard, sans s'arrêter au mode un peu libre d'interlocution adopté par le réparateur de la chaussure humaine.

— Je suis sûr seulement d'une chose, reprit le savetier en clignant un peu l'œil gauche, c'est qu'on nomme celle à qui cette pantoufle appartient, mademoiselle Florine....

— Florine !... nom enchanteur et d'heureux augure... Son âge !

— Environ vingt ans.

— C'est moins rassurant...., et sa figure ?...

— La beauté du diable.

— Eh ! que vais-je demander !... n'a-t-elle pas son pied... Avec cette perfection, je l'épouserais laide comme feue mademoiselle Scudery, vieille comme Athalie.

Mademoiselle Florine était fille d'un ancien greffier au Châtelet ; mais sans fortune, parce qu'en matière de recettes et de dépenses, le papa n'avait jamais su se conformer aux lois de l'équilibre. La jeune personne conservait sa mère, femme pieuse qui vivait de peu dans le présent, et amassait des trésors pour l'autre vie. Une fille sous l'autorité d'une mère dévote et recherchée par un comédien... cela sonnait mal et promettait peu de succès. Toutefois Thevenard ne se découragea point. Il vit la demoiselle, la trouva charmante, à travers le mirage de son enthousiasme, quoiqu'elle n'eût que de la fraîcheur. Mais il faut convenir qu'elle possédait en effet le plus joli pied du monde.... Dans cette circonstance, le savetier, érigé en Frontin de comédie, aida beaucoup l'amoureux chanteur, en lui procurant des rencontres fortuites avec Florine, dans son humble échoppe, qui devenait alors, pour Thevenard, le temple de Guide.

Le premier sujet de l'Opéra n'était plus jeune; mais il conservait une belle taille, une noble et expressive physionomie, et faisait toujours valoir, en maître passé dans la science d'amour, le grand œil noir dont la nature s'était plue à le favoriser. La fille du greffier avait entendu chanter son amant; et quelque intention que le savetier eût attaché au clignement d'œil mentionné plus haut, mademoiselle Florine paraissait convaincue qu'un homme pourvu d'un organe aussi puissant, ne pourrait être qu'un excellent mari. En un mot, soit inclination, soit calcul, soit raison, Florine fut promptement d'accord avec Thevenard, et sut mettre dans leur intérêt un frère de sa mère, qui exerçait quelque empire sur cette honorable dévote. L'oncle était grand buveur, et Thevenard traitait ordinairement sa voix à la manière de Dumeni, c'est-à-dire en sablant, représentation tenante, quatre à cinq bouteilles de vin. Rien ne rapproche les hommes autant que la sympathie du cabaret : là, leur naturel s'unit et vibre comme leurs verres, dans les toasts redoublés qu'ils se portent. Nos deux bibrons s'entendirent parfaitement ; la mère fut attaquée, combattue dans ses préjugés orthodoxes contre la gent lyrique ; les forces de l'amour et de l'ascendant fraternel poursuivirent ses scrupules jusque dans leurs derniers retranchements, les firent capituler, et Florine devint madame Thevenard... Mais on assure que, dans une de ses conversations avec lui-même, le chanteur marié se dit : « N'importe, je ne conseillerai jamais à mes amis d'épouser une demoiselle sur l'unique témoignage d'un petit pied. »

Tous les mémoires, tous les ana publiés dans les premières années du xviiie siècle ont parlé de l'amour dont Chaulieu, sexagénaire, brûlait pour mademoiselle Rochois. Cet abbé, peu fidèle aux principes apostoliques, était surnommé un peu gratuitement l'Anacréon de son temps ; mais si ce courtisan de la duchesse du Maine n'égalait point le poète de Théos par les inspirations de sa muse, il lui ressembla du moins par les tendres inclinations attardées dans sa vieillesse. Mademoiselle Rochois aimait à se jouer de cette flamme qui l'amusait sans la brûler, et les petits vers que Chaulieu lui adressait flattaient sa vanité, qui du reste, ne manquait pas de flatteurs. Cependant, il est présumable que tout en se jouant de la tendresse du vieux poète, la célèbre actrice lui laissa faire passablement de chemin; car après la première représentation d'*Armide,* il rimait ceci :

> Je sers, grâce à l'amour, une aimable maîtresse,
>   Qui sait, sous cent noms différents,
>   Par mille nouveaux agréments,
> Reveiller tous les jours mes feux et ma tendresse.
> Sous le nom de *Théone,* elle sait m'enflammer ;
> *Arcobanne* me plait et j'adore Angélique ;
> Mais quoique sa bauté, sa grâce soit unique,
>   *Armide* vient de me charmer
> . . . . , ...
>   Sous ce nouveau déguisement
> Je trouve à mon *Iris* une grâce nouvelle ;
> Fut-il depuis qu'on aime un plus heureux amant?
> Je goûte chaque jour, dans un amour fidèle,
>   Tous les plaisirs du changement

Or, il est difficile de croire, d'après ces vers fort peu anacréontiques, mais passablement indiscrets, que mademoiselle Rochois n'ait été pour leur auteur qu'une *Iris en l'air.* Quoiqu'il en soit, il eût plus d'un rival : outre le duc de Sully, qui aima longtemps la célèbre cantatrice, elle s'était éprise d'une vive passion pour le sieur Lebas, basson à l'Opéra. Il arriva même, par suite de cet amour, une aventure qui pouvait perdre Lully, s'il eût été moins protégé. Ce directeur de l'Académie royale de musique tenait peu à la chasteté des dames ou demoiselles composant son personnel; mais il se montrait fort irrité lorsque leurs faiblesses avaient des suites qui les éloignaient du théâtre : ce fut précisément ce qui advint à mademoiselle Rochois, au moment où l'opéra d'*Armide* allait être joué. Lully, prévoyant la retraite obligée et prochaine de cette actrice, lui demanda impérieusement un jour à quel audacieux était due la cause de ce malencontreux effet. Mademoiselle Rochois nomma Lebas, et ajouta qu'il lui avait promis la foi du mariage.

— La foi dou mariage, zé lé connais, il l'a promise à bien d'autres.

— Mais celle-ci est écrite, monsieur.

— Zé beux la boir cette promesse.
— La voici.

Et mademoiselle Rochois tira de sa poche un valet de pique, derrière lequel Lebas avait en effet écrit la promesse de l'épouser. Furieux à cette exhibition, qu'il prit pour une mystification audacieuse, Lully se recula d'un pas, et, par le brutal contact de son pied, détruisit ce que la création avait apporté d'obstacle à la première représentation d'*Armide*. Cet opéra ne fut pas plus tôt joué pour cela; car la première actrice de l'Académie lyrique fut forcée de garder le lit assez longtemps. On dit que le *maestro* reçut dans cette occurrence des coups de bâton du sieur Lebas; mais il jugea prudent de n'en rien dire et fit bien : la justice aurait pu ajouter au châtiment infligé d'office par l'amant de l'actrice maltraitée.

Mademoiselle Rochois était encore fort jeune lorsque cet événement se passa; dans la suite, elle acquit à l'Opéra cette célébrité devant laquelle tout blâme, toute critique s'inclinent: on ne s'occupa d'elle que pour l'admirer et s'efforcer de lui plaire. Elle n'était cependant point jolie : elle avait des traits communs, une peau brune, une physionomie qui n'acquérait de la noblesse qu'au théâtre, mais qu'animaient pourtant de beaux yeux noirs, d'une admirable expression. Mademoiselle Rochois manquait de taille ; mais, ainsi que Lekain à une autre époque, elle savait grandir par la passion. Au premier acte d'Armide, cette actrice paraissait entre les deux plus belles femmes de l'Opéra, les demoiselles Moreau et Desmâtins ; mais au moment où la puissante Armide chantait :

Je ne triomphe pas du plus vaillant de tous,
L'indomptable Renaud échappe à mon courroux.

c'étaient les deux confidentes qui semblaient petites.

Mademoiselle Rochois n'était pas seulement

douée d'une âme essentiellement tragique, elle possédait encore une des plus belles voix qu'on ait entendues à l'Académie royale de Musique : voix sonore, flexible, vibrante, qui se prêtait à toutes les inflexions de la passion, de telle sorte qu'elle paraissait plutôt exprimée que chantée, sans que, pour cela, l'harmonie fût outragée. Cette éminente qualité du chant était très goûtée au XVIII.ᵉ siècle ; l'empire de la note l'emporte aujourd'hui ; je ne crois pas que le goût moderne ait raison en cela.

La fameuse cantatrice dont je me fais le biographe ne sut pas se défendre de cet entraînement vers les aventures galantes, qui fut toujours contagieux à l'Opéra ; mais elle était remplie d'excellentes qualités. Douce et obligeante, elle donnait des conseils aux actrices qui la consultaient, sans jamais ressentir cette basse jalousie qui s'indigne du succès d'autrui. Elle quitta la scène de bonne heure, par suite d'infirmités graves qu'elle avait peut-être encourues, en imposant tout à la fois à sa vie trop d'occupations et trop de plaisirs. Mais elle ne subit point, dans sa retraite, cet oubli du monde qui souvent afflige les acteurs retirés ; l'ancienne pensionnaire de l'Opéra se fit estimer autant qu'on l'avait admirée, par sa probité, son désintéressement et sa bienveillance expansive. Elle se faisait un plaisir de donner des conseils aux actrices qui lui avaient succédé dans son emploi : Mademoiselle Antier, jeune Lyonnaise qui débuta en 1711, dut à cet enseignement les premiers succès qu'elle obtint, et dont la rare durée se prolongea près de vingt-neuf ans. Mademoiselle Antier joignait à la plus belle voix une riche taille, une physionomie noble, fière, imposante ; mais lors de ses débuts, il lui manquait bien plus que le goût de l'art, elle n'en avait pas le sentiment. Mademoiselle Rochois s'appliqua à la former : « Mon enfant, lui avait elle dit en commençant cette éducation lyrique, vous êtes une bien belle Galatée ; mais ayant l'étincelle, et cette étincelle, il ne faut pas la recevoir d'un Pygmalion. Pour la statue de la fable, c'était fort bien : elle ne devait qu'aimer ; mais vous, chère demoiselle, c'est aussi pour jouer et chanter que vous êtes à l'Opéra. Préférez, croyez-moi, une douce flamme qui anime progressivement, au feu dévorant qui consume. Je me suis abusée en cela au commencement de ma carrière, et vous voyez qu'elle finit prématurément sur ma chaise longue. Je ne sais pas au juste jusqu'à quel point mademoiselle Antier préféra la flamme progressive au feu dévorant ; toujours est-il certain qu'elle réussit parfaitement à l'Opéra.

Mademoiselle Rochois ne fut pas toujours aussi heureuse en élèves : un jour qu'elle cherchait à faire comprendre le beau rôle d'*Armide* à une *prima donna* du temps, qui devait le jouer à Lyon, elle ne tarda pas à reconnaître qu'elle s'adressait à une intelligence rebelle.

— Ce que je vous demande est il donc si

difficile? disait la maîtresse en insistant ; mettez-vous à la place de l'amante trahie..... Si vous étiez abandonnée d'un homme que vous aimeriez tendrement, ne seriez-vous pas pénétrée d'une vive douleur ? ne chercheriez-vous point.....?

— Moi, interrompit l'écolière, je chercherais au plutôt un autre amant.

— En ce cas, répliqua mademoiselle Rochois, nous perdons toutes deux nos peines.

Et les leçons en restèrent là.

Mademoiselle Rochois vécut longtemps encore après avoir quitté le théâtre; faisant admirer de tous ceux qui la connaissaient les vertus solides qu'elle avait acquises, et expiant par de cruelles souffrances, supportées avec une patience chrétienne, les erreurs de sa jeunesse. Cependant elle ne parvint point à désarmer l'Eglise: lorsqu'elle mourut, l'Académie royale de musique se disposait à faire célébrer son service funèbre aux Petits-Pères ; monseigneur le cardinal de Noailles, archevêque de Paris, défendit cette cérémonie. Campra descendit avec ses musiciens de la tribune dans laquelle il les avait placés, et fit chanter un *De Profundis* en faux-bourdon sur le tombeau de Lully.

Ainsi, l'actrice descendue dans la tombe en Madeleine repentante, ne put obtenir la prière que l'Eglise permet pour le libertin mort au sein du péché.

VI.

AVENTURES DE LA D^{lle} MAUPIN, ETC.

Je n'ai point à vous entretenir des talents distingués de cette actrice : elle ne savait pas une note de musique, et n'occupa jamais qu'un rang secondaire à l'Opéra. Mais elle fit dans le monde plus de bruit que les Castelly, les Rochois et les Antier, par sa beauté, par ses aventures et surtout par son humeur belliqueuse. Mademoiselle, ou plutôt madame Maupin, était fille du sieur d'Aubigny, secrétaire des commandemens de M. le comte d'Armagnac. Elle épousa, vers 1694, un employé des aides, nommé Maupin ; mais elle s'éprit peu de temps après son mariage d'un prévot de salle d'armes, appelé Seranne, adopta en même temps son nom et sa profession, puis disparut du domicile conjugal pour le suivre dans ses pérégrinations. Elle se rendit d'abord avec lui à Marseille : Seranne y donna des assauts ; la vertu de sa maîtresse (le mot est indulgent) en reçut bien davantage : la place n'était pas inexpugnable ; Seranne se plaignit même de plus d'une capitulation assez facilement obtenue.

Le résultat de ces divers assauts ne fut pas apparemment bien lucratif; la misère frappa rudement à la porte du couple aventurier; et quoique fort habile dans l'escrime, il ne put parer cette botte là. Seranne et mademoiselle Maupin avaient de belles voix ; ils furent admis à l'Opéra de Marseille ; l'un et l'autre y obtinrent quelque succès. Mais mademoiselle d'Aubigny (la Maupin avait repris ce nom) était née pour les aventures extraordinaires : elle en avait le goût et ne savait pas résister à ses penchants. Ses inclinations masculines s'étaient signalées par l'habile maniement du fleuret ; mais elles se prononcèrent d'une manière bien autrement significative lorsque, nouvelle Sapho, elle conçut la plus vive passion pour une jeune Marseillaise. Soit que les parents de la demoiselle craignissent un danger réel pour leur fille, en apprenant la recherche d'un individu qui, portant toujours des habits de cavalier, avait pu les tromper sur son sexe, soit qu'ils voulussent seulement dérober cette jeune personne au retentissement d'un scandale ridicule, ils la firent entrer dans un couvent à Avignon.

La petite Marseillaise se croyait-elle aimée

par un joli cavalier, ou se livrait-elle aussi aux illusions lesbiennes ? c'est ce que nous ne pouvons dire ; toujours est-il constant que mademoiselle d'Aubigny fut promptement avertie de la réclusion de celle dont elle était éprise. Déposant alors le costume masculin et renonçant à la carrière lyrique, elle prend l'habit et les allures modestes d'une jeune dévote ; imprime à ses traits une expression pudibonde ; couvre de leurs longs cils ses yeux un peu hardis, et court à Avignon. Les mains jointes et tournant entre ses doigts un chapelet, elle se rend au couvent où la demoiselle Marseillaise est cloîtrée... C'est une héritière noble que la grâce d'en-haut illumine, qui veut échapper aux pièges que le malin tend à sa jeunesse : son accent est plein de ferveur, sa vocation paraît vive ; la supérieure, qui sait peut-être combien sont glissants les sentiers de la vie mondaine, voit une chute à prévenir, une brebis à soustraire aux loups dévorants ; elle reçoit mademoiselle d'Aubigny, encore à demi fardée du rouge de l'Opéra de Marseille, parmi les novices, au nombre desquelles se trouve celle que l'audacieuse comédienne ose appeler son amante.

Que se passa-t il pendant quelques mois dans la communauté d'Avignon? Dieu seul aujourd'hui le sait... Mais un jour une jeune religieuse étant venue à mourir, mademoiselle d'Aubigny, l'ayant dépouillée de tout ce qui pouvait favoriser une reconnaissance, chargea le cadavre sur ses épaules, le déposa dans le lit de son amie, et se sauva avec elle, après avoir mis le feu au couvent pour favoriser leur évasion. Vous daignerez sans doute me dispenser de suivre les phases d'une passion dont, au moins, vous ne redoutez pas les résultats pour la jeune Marseillaise. Ils pouvaient devenir bien autrement graves pour l'amazone coupable du rapt d'une religieuse, bien qu'elle ne fût que novice; car la justice en informant, ignorait si cette novice l'était encore après l'attentat, la demoiselle d'Aubigny ayant été signalée aux juges comme un homme déguisé. Or, vous concevez combien, dans l'opinion de ces magistrats, le crime du prévenu devait être affreux ; lui qui avait passé, loup dévorant, trois mois entiers parmi les ouailles du Seigneur. Le procès ayant été instruit sur ces fausses données, le sieur d'Aubigny, *de la science certaine* du tribunal, fut condamné au feu par contumace.

Si les amours ordinaires sont, hélas ! périssables et passagers, celui que nous venons d'esquisser devait être plus fragile encore : il suffisait qu'une réalité vint s'interposer dans cette suite d'illusions pour les faire évanouir, et ce fut ce qui arriva. Un mousquetaire remplaça la novice marseillaise dans le cœur de mademoiselle d'Aubigny ; l'amante abandonnée retourna dans sa famille, et la sentence lumineuse des juges de Marseille tomba dans l'eau, heureusement pour eux.

L'aventurière qui nous occupe, tantôt sous le nom de madame Maupin, tantôt sous celui de mademoiselle ou de monsieur d'Aubigny, continua de parcourir la province, donnant dans une ville des assauts d'armes, chantant l'opéra dans une autre; rêvant ici l'amour à la manière de Sapho, le faisant ailleurs à la manière d'Aspasie; se battant en duel le matin pour disputer le cœur d'une grisette à un sous-lieutenant, acceptant le soir un cartel pour se venger de l'infidélité d'un capitaine. Enfin, lasse des petites intrigues de la province, qui ne la mettaient point assez en relief, mademoiselle d'Aubigny songea à se diriger vers Paris, seul théâtre où les grandes renommées peuvent éclore. L'acteur Thevenard, qu'elle avait rencontré à Rouen, lui offrit de l'amener dans la capitale, et s'engagea à la faire recevoir à l'Académie royale de Musique, si elle voulait y débuter. Notre aventurière accepta l'offre du célèbre chanteur qui, vivement épris d'elle (c'était longtemps avant l'aventure de la pantoufle), fut heureux d'une telle acquisition pour l'Opéra.

Mademoiselle d'Aubigny débuta, sous le nom de son mari, par le rôle de *Pallas*, dans l'Opéra de *Cadmus :* ce n'était presque pas sortir des attributions guerrières qu'elle affectionnait ; sous la figure de *Minerve*, la débutante eût été infiniment moins dans son emploi. Lorsque, remontée sur son nuage, la nouvelle actrice s'éleva avec majesté vers l'Olympe, elle ôta avec grâce son casque, en signe de reconnaissance pour les applaudissements qu'elle avait reçus. Alors s'épandit sur son armure la plus belle chevelure du monde, et les acclamations redoublèrent. Le lendemain, à son lever, mademoiselle Maupin eut à décacheter trente missives amoureuses, contenant des offres qui, totalisées, eussent produit un capital de cent mille écus. Mais jusqu'alors elle n'avait recherché que les trésors de l'amour, toujours sous l'influence d'une double ambition, qui se donna la plus excentrique carrière à l'Opéra.

Cependant mademoiselle Maupin continuait

à se battre comme un mousquetaire noir : quelquefois on l'attendait pour une représentation au Palais-Royal, tandis qu'elle feraillait au bois de Vincennes. L'acteur Dumeni, oubliant à quelle humeur il s'adressait, osa un jour insulter cette actrice, qui avait méprisé l'hommage de son cœur. L'injure avait été faite en présence de Francine, l'un des directeurs de l'Académie royale de Musique ; mademoiselle Maupin comprima sa colère et se contenta de dire : « Ceci se retrouvera. » Mais sa vengeance ne se fit pas attendre ; le soir même, déguisée en homme, la chanteuse offensée attendit le premier chanteur à la place des Victoires, où elle savait qu'il devait passer, et, l'attaquant avec impétuosité, elle lui asséna le plus vigoureux soufflet, en disant : à *Dumeni, mademoiselle Maupin, salut*. Puis elle ajouta en faisant briller son épée sous le rayon blafard du réverbère :

— Maintenant, en garde, faquin.

— Du tout, répondit Dumeni, qui n'était

pas aussi franc du collier devant une épée que devant un sixain de flacons... Je veux bien considérer que vous êtes une femme.

— Vous avez le plus grand tort ; il me semble que ma main vient d'être passablement masculine..... Allons donc, fougueux Roland, terrible Renaud, flamberge au vent.

— Je vous dis que je ne veux pas me battre avec une femme.

— Eh bien, cette femme va se donner la double satisfaction de corriger un insolent et d'humilier un lâche.

A ces mots, saisissant le bras de Dumeni d'une main comparable à un crampon d'acier, elle imprima à sa personne un mouvement de rotation dont il ne put se rendre maître, et cinquante fois le fin carelet de mademoiselle Maupin tomba en sifflant sur les épaules du pauvre acteur. Puis elle le quitta, après lui avoir pris sa tabatière et sa montre. La maligne créature n'était pas satisfaite d'une vengeance secrète ; il lui fallait un triomphe éclatant : elle songeait à se le ménager.

Le lendemain, l'aventure avait fait du bruit: on savait confusément que Dumeni avait été attaqué; mais on ignorait par qui. Il se trouvait beaucoup de monde à la répétition ; l'acteur fustigé ne vit pas à travers la foule mademoiselle Maupin, qui ne devant pas jouer dans la prochaine représentation, éviterait, pensait-il, de paraître ce jour-là devant les directeurs. Il ne connaissait guère sa camarade. Elle s'était glissée parmi les figurantes, le visage couvert d'un voile assez épais et, comme les autres femmes, elle fit cercle autour de Dumeni, qu'on priait de raconter son aventure.

— Sachez donc, dit-il, que hier au soir, j'ai été attaqué par trois voleurs.

— Trois voleurs !... s'écria-t-on de toutes parts.

— Trois, tout autant. Néanmoins, je me suis défendu comme un lion ; les drôles ont senti ce que pèse mon bras ; et malgré l'inégalité des chances du combat, je les ai mis en fuite.

— C'est un beau trait cela, s'exclamèrent de nouveau les auditeurs.

— Mais dans la chaleur du combat, reprit Dumeni, les bandits m'avaient enlevé ma montre et ma tabatière.

— Les voici, dit mademoiselle Maupin, qui venait d'écarter son voile et présentait les deux objets à l'assemblée. Tout ce que vient de vous raconter Dumeni est un insigne mensonge : ce qu'il y a de vrai dans tout ceci, c'est qu'un homme a été assez lâche pour refuser de croiser le fer avec une femme, qu'il avait insultée ; cette femme, c'est moi. Or, vous saurez qu'après l'avoir souffleté, je l'ai rossé d'importance, et qu'en témoignage de mon triomphe et de sa lâcheté, je lui avais pris sa montre et sa tabatière..... Voilà, mesdames, comme il faut se conduire avec les hommes quand ils nous manquent.

Je ne vous dirai pas si beaucoup des assistantes se promirent d'imiter mademoiselle Maupin; mais Duméni, convaincu tout à la fois de poltronnerie et de fanfaronnade, ces deux défauts si disparates dans leur nature,

Dumeni, honteux et confus,
Jura, mais un peu tard, qu'on ne le prendrait plus

à insulter les actrices, avant de s'être assuré si elles ne tiraient pas l'épée ; ce qui pouvait se rencontrer souvent, vu les rapports fréquents de ces dames avec les mousquetaires.

Mais on l'a répété jusqu'à satiété, il est rare que l'expérience profite aux humains à temps pour leur épargner les malheurs qu'elle pourrait prévenir : voici venir une nouvelle preuve de cette vérité. Les tendresses usées deviennent souvent d'acres aversions : c'est encore une chose dès longtemps constatée. Thevenard avait beaucoup aimé mademoiselle Maupin;

puis il se prit à la haïr cordialement ; mais par malheur pour lui, il oublia la leçon donnée à son camarade Duméni, et l'outragea publiment. Vous connaissez la manière de notre amazone : elle attendit la basse-taille au sortir de l'Opéra; mais la réflexion lui était venue; il ne sortit pas, et vainement son adversaire se morfondit-elle durant près de trois semaines à l'attendre chaque soir. Thevenard couchait dans sa loge et ne mettait pas le nez dehors. Au théâtre, les directeurs, craignant une scène épisodique dans le genre du combat de *Sablé*, faisaient bonne police. Les ennemis, lorsqu'ils jouaient ensemble, échangeaient des regards courroucés, accompagnant les protestations les plus tendres; mademoiselle Maupin promettait à grand orchestre tendresse pour tendresse à la basse-taille, et lui glissait à l'oreille l'assurance qu'elle lui romprait les os à la première occasion. Heureusement les situations scéniques ne leur prescrivirent point de s'embrasser; ils se seraient mordus jusqu'au sang. Enfin, las de mener une vie littéralement claustrale au palais royal, Thevenard écrivit à son irascible camarade.

« Ma chère Julie, chacun dans ce monde
« a ses perfections et ses défauts ; j'avoue
« très-volontiers que vous maniez une épée
« beaucoup plus habilement que moi ; con-
« venez aussi que je chante mieux que vous.
« Cela constaté, vous voudrez bien recon-
« naître que si vous m'enfoncez seulement
« trois pouces de lame dans la poitrine, ma
« voix, si je n'en meurs pas, pourra bien
« être fort altérée, et je tiens essentielle-
« ment au bien-être qu'elle me procure, in-
« dépendamment du bonheur de me mirer
« dans vos beaux yeux, quand nous jouons
« ensemble et que vous ne me lancez pas des
« aparté furibonds ; ce qui altère singuliè-
« rement la douceur de votre regard.

« Faisons donc la paix, ma chère Julie, je

« viens pieds et poings liés devant vous (par
écrit toutefois, vu le danger d'une entrevue);
« excusez une boutade dont je me repens
« avec sincérité, et soyez moi miséricor-
« dieuse. »

Mademoiselle Maupin répondit :

« Puisque monsieur Thevenard avoue de
« si bonne grâce le peu de goût qu'il ressent
« pour une rencontre l'épée à la main, même
« avec une femme, et qu'il ne me reste plus
« qu'à le complimenter sur sa prudence, je
« consens à lui pardonner son offense. Mais
« je veux que ce pardon promis, il me le de-
« mande en présence de ceux qui ont été té-
« moins de l'injure ; qu'il prenne soin de les
« réunir, et je tiendrai ma parole. »

Les choses se passèrent selon les intentions
de mademoiselle Maupin : Thevenard lui demanda pardon publiquement, et cet acteur
demeura convaincu de n'être un héros qu'au

théâtre. Il y avait déjà longtemps que plusieurs dames le lui avaient dit.

Si la demoiselle Maupin n'eut usé de sa supériorité dans l'escrime que pour repousser les injures, c'eût été noble et légitime; mais elle en abusait souvent sous des habits masculins, pour manquer elle-même à son propre sexe. Un jour qu'ainsi déguisée, elle était parvenue à se glisser dans un bal donné au palais royal, par *Monsieur*, frère de Louis XIV, elle osa faire à une jeune marquise les agaceries les plus excentriques. La dame titrée s'en plaignit hautement, et trois gentilshommes simultanément, demandèrent au cavalier postiche raison d'une si indécente conduite. « À vos ordres, messieurs, répondit
« fièrement l'actrice ; je vais vous attendre
« rue Saint-Thomas-du Louvre, sous le pre-
« mier réverbère. » Les trois champions s'y rendirent et y restèrent, non pas tués sur la place, mais assez gravement blessés pour ne pouvoir se relever. Mademoiselle Maupin,

rentrée dans le bal, tira *Monsieur* à part :

— Monseigneur, lui dit-elle, il y a rue Saint-Thomas du-Louvre trois gentilshommes étendus sur le pavé, et qui auraient besoin d'un prompt secours..... Ils avaient, il y a moins d'une heure la tête très chaude ; mais l'air de la nuit pourrait les refroidir un peu trop; veuillez ordonner qu'ils soient transportés chez eux.....

— Encore un duel, s'écria le duc d'Orléans avec mécontentement.

— Il y en a même eu trois, monseigneur ; mais ceux-là pourront tempérer la colère de votre altesse royale, en l'amusant : les cavaliers qui, pour le moment, ont le pavé pour oreiller, viennent d'être blessés par une femme.....

— Une femme....

— C'est elle qui a l'honneur de l'assurer à votre altesse royale.

— Ah ! je te reconnais, friponne, tu es la Maupin.

— Pour vous servir, monseigneur, si j'en étais capable.

— Feras-tu donc toujours des tiennes ?

— Votre altesse royale sait que je ne tue pas toujours les sujets de Sa Majesté.

— Te tairas-tu, diablesse incarnée...

— Je fais plus, je me retire.

Et passant auprès de la jeune marquise si malheureusement défendue, elle lui dit à l'oreille :

— Voyez, madame, combien vous avez été mal inspirée : pour avoir appelé à votre aide trois redresseurs de torts, vous voilà privée, au moins pour quelque temps, de trois admirateurs... Puis, touchant son épée, mademoiselle Maupin ajouta : celle-ci a prié ces messieurs de garder le lit pendant quelques semaines : c'est le cas, marquise, de jouer à la sensibilité... Maintenant, souffrez que je me dise *votre très-humble servante*, et convenez qu'il n'y avait pas de quoi crier si haut.

A ces mots, l'actrice endiablée laissa la marquise stupéfaite, et quitta les appartements du palais royal. Le lendemain, toute la cour savait cette aventure; elle retentit pendant huit jours à l'OEil-de-Bœuf; Louis XIV lui-même s'en amusa bien bas. Mais il fit prévenir mademoiselle Maupin par Destouches, inspecteur général de l'Opéra, que rien ne s'opposait à ce que ses édits sur le duel fussent appliqués aux dames, lorsqu'elles prétendaient s'aviser du point d'honneur, surtout quand elles se piquaient peu d'y être fidèles sous le point de vue féminin.

Vers l'année 1702, mademoiselle Maupin quitta l'Opéra de Paris, et prit un engagement à celui de Bruxelles. Le comte d'Albert, qui était alors son amant, lui avait été infidèle; elle s'éloigna pour ne pas être témoin du triomphe de sa rivale. L'électeur de Bavière vit notre aventurière à la cour des Pays-Bas, en devint amoureux et lui laissa son cœur l'espace de cinq à six mois. Cette longévité ' un amour princier fut citée dans les gazet-

tes du temps. Après ce siècle de coustance, son altesse électorale, ayant quitté mademoiselle Maupin pour la comtesse d'Arcos, envoya, par le mari même de cette dame, un cadeau de quarante mille livres à l'actrice délaissée. Le comte avait à peine déposé cette somme sur la toilette, que le portefeuille qui la contenait vint le frapper au front, c'est-à-dire juste à l'endroit où son altesse électorale l'atteignait en ce moment... « Dites au prince
» que je ne veux point de son argent, et gar-
» dez-le : c'est le digne salaire de l'homme
» assez vil pour se faire le..... de sa femme.
Et montrant la porte à M. d'Arcos, la chanteuse ajouta : Sortez ou je vous fais chasser par mes laquais, vos pareils. Quelque temps après cependant, mademoiselle Maupin, ayant considéré sans doute qu'on ne vit pas de fierté, accepta une pension de deux mille livres que lui fit l'électeur, et revint à Paris, où elle renoua avec le comte d'Albert.

Jusqu'ici nous n'avons vu dans mademoiselle Maupin qu'une femme galante, emportée, querelleuse, ferme sur la hanche comme un officier aux gardes. Mais elle se recommandait par des qualités plus heureuses: elle était douée d'une âme généreuse, d'une loyauté parfaite; nulle femme ne fut meilleure amie; nulle amante n'aimait plus sincèrement tant qu'elle aimait, et rarement elle prit l'initiative de l'infidélité. Mademoiselle Maupin écrivait avec une charmante facilité et faisait des vers très agréables. En voici qu'un poète élégiaque n'eût pas désavoués : mesdames Deshoulières se fussent assurément félicitées de les avoir faits. Ils étaient adressés au comte d'Albert, qui se trouvait à l'armée avec M. de Villars.

Voudras-tu, cher amant, parmi le bruit des armes,
Entendre le récit de mes vives alarmes;
Et quand Mars dans ton sein allume ses fureurs,
Tes yeux daigneront-ils voir une amante en pleurs?
Quel trouble, quel effroi de tout mon cœur s'empare!
Il court un bruit confus qu'un combat se prépare;

Que Bade vainement songe à se retrancher ;
Qu'au milieu de ses forts Villars va le chercher.
Bruit cruel, chaque mot m'épouvante et me glace !
Le ciel me ferait-il pressentir ma disgrâce ?
Ah! je sais que pour toi la gloire a tant d'appas ;
Que l'honneur aux périls précipite tes pas.
Pour un guerrier tes yeux ont reçu trop de charmes ;
Pour un amant ton cœur aime trop les alarmes ;
Le ciel devait du moins te rendre en te formant,
Ou moins vaillant guerrier ou moins aimable amant.
De mon sexe timide ignorant la faiblesse,
Je suis faite aux périls ainsi qu'à la tendresse.
Que ne m'est-il permis de voler après toi !
Si je suivais tes pas je n'aurais nul effroi ;
J'irais braver la mort et serais toujours prête
A m'exposer aux coups qui menacent ta tête.
Ta jeunesse, tes traits, ce teint vif, ces appas,
Ces cheveux qu'Apollon ne désavoûrait pas,
Dans l'empire amoureux inévitables charmes,
Pour toi dans les combats sont d'inutiles armes.
Un homicide plomb, avec impunité,
Frappe sans respecter l'âge ni la beauté.
Adonis, comme toi, fut autrefois aimable,
Pour toi je crains hélas ! son destin déplorable.
Vénus entre ses bras lui vit perdre le jour ;
Je n'ai point ses attraits, mais j'ai tout son amour.
O mère des plaisirs, favorable déesse !
Toi que suivent toujours les ris et la jeunesse,
Je t'implore aujourd'hui. Si d'une tendre voix,
J'ai quelque fois chanté la douceur de tes lois,
Si j'ai vanté ton fils, ses traits et son empire,
Et porté dans les cœurs les flammes qu'il inspire,

Vole, descends des cieux ; sers toi de ces regards
Qui savent, quand tu veux, désarmer le dieu Mars.
Obtiens qu'à mon amour il ne soit pas funeste.
Mais que dis-je ! insensée ! et quel espoir me reste?
En voyant cet objet de mes vœux les plus doux,
Tu serais ma rivale, et Mars serait jaloux.
Parmi tant de frayeurs c'est toi seul que j'implore,
Cher amant, souviens-toi que mon ame t'adore ;
Que tu dois de mes pleurs faire cesser le cours ;
Qu'en exposant ta vie il y va de mes jours.

Lorsque mademoiselle Maupin écrivait cette épitre brûlante au comte Albert, on était loin de se douter qu'elle finirait sa vie dans un couvent. Mais ce retour vers la vie calme et silencieuse des cœurs où toutes les passions ont passé, est plus fréquent qu'on ne pense. L'âme en se repliant vers sa sphère intuitive, y trouve de suaves jouissances qu'elle avait jusqu'alors ignorées : le devoir, si rarement écouté lorsque les passions tonnent, fait enfin entendre sa voix quand elles ont cessé d'éclater. Cette période commença, pour la fougueuse actrice, au moment où l'on s'y attendait le moins.

A cette heure de retour sur elle-même, Maupin, naguère abandonnée à toute la fougue des passions, retrouva soudain dans son cœur des sentiments raisonnables, contre lesquels son imagination ne protesta plus. Elle renvoya à tous ses amants les contrats qu'elle en avait reçus, ne réservant que la pension des deux mille livres que lui faisait l'électeur de Bavière. Résolue à mener une vie régulière, sauf son amour pour le comte d'Albert, mademoiselle Maupin appela auprès d'elle son mari, et vécut dans une parfaite union avec lui jusqu'à la mort de celui-ci, arrivée en 1705. . Il faut ajouter que Maupin était un époux des mieux civilisés.

Un auteur de l'antiquité l'a dit, les grandes passions ne s'éteignent point chez les femmes tant qu'il reste en elles assez de puissance physique pour les alimenter ; seulement elles changent d'objet, quelquefois de caractère, lorsque, sur le foyer où elles brûlaient, il ne reste rien d'assez inflammable pour les entretenir. C'est ainsi qu'une vive dévotion succède chez le sexe aux affections terrestres ; sa poésie sublime, les enivrantes consolations de ses croyances, la séduction gracieuse de ses images vont dans le dernier repli du cœur, ranimer les étincelles de la sensation, presque éteintes sous les cendres des voluptés consumées. Alors une femme qui fut passionnée est dévote avec ardeur : elle reporte vers le ciel ses convoitises détachées de la terre ; sans qu'elle s'en doute, elle s'éprend des anges comme elle s'était éprise de ses amants. Ecoutez sa prière, l'animation de son accent vous révélera des émotions trop fortes pour être béatifiques ; il y a dans cet élan religieux de l'âme un ressouvenir des délices mondaines : c'est le serpent tentateur entourant la tige du rosier mystique. Mais quand l'âge a décidément refroidi l'organisme féminin, la dévotion change de nature : ce n'est plus cette ferveur qui s'élevait, brûlante, vers le séjour des élus ; une loi douce, mais intéressée, a remplacé ce transport éteint ; on se laisse alors envelopper dans les voiles mystérieux d'une espérance qui promet la miséricorde divine... Si un tel genre de dévotion n'est pas précisément généreux, il est au moins sincère, car il émane de la confiance. Mais ce culte par inertie ne peut naître que du reniement des choses du monde, et ce reniement se prononce-t-il tant que les sens conservent leur empire ?... quelquefois sans doute ; ce serait trop hasarder que de dire souvent.

Quoiqu'il en soit, mademoiselle Maupin forma, vers le milieu de l'année 1705, la résolution de renoncer au théâtre, et ce qui paraîtra plus surprenant, d'entrer en religion. Cependant elle ne voulut pas s'arrêter à ce dernier parti sans avoir consulté le comte d'Albert, son amant : ce qui prouvait, ce me semble, que, si elle se croyait appelée à la vie claustrale, un lien quelque peu profane la retenait encore au monde. La lettre que le comte lui écrivit dans cette circonstance mérite d'être citée : outre qu'elle montre jusqu'à quel point, en 1705, le sentiment était pris au sérieux même par les hommes de guerre, que tant de séductions incitaient à l'inconstance, elle prouve qu'alors le style épistolaire d'une certaine élégance était familier à la noblesse, qui, cinquante ou soixante ans plus tard, le regardait comme indigne d'elle, et s'enorgueillissait, aux yeux d'une renaissante philosophie, de l'ignorance titrée des siècles féodaux.

« Songez-vous à qui vous vous adressez,
« écrivait M. d'Albert ; est ce ma religion, est-
« ce mon cœur, est-ce ma complaisance que
« vous voulez mettre à l'épreuve ; et comptez-
« vous, en me consultant, que je suis assez
« le maître de mes sentiments, pour fortifier
« les vôtres ? Avez vous perdu l'idée de ce que
« je suis à votre égard ; n'est-ce pas insulter
« à mon malheur, que de me forcer à l'ap-
« prouver ; et ne mériteriez-vous pas que,
« pour vous punir de votre injustice, je me

« rangeasse du parti du monde contre vous-
« même ? Je sais que vous ne doutez pas de la
« part que je prends à tout ce qui peut faire
« votre bonheur ; mais ignorez-vous que vous
« ne pourrez parvenir à celui où vous aspirez
« qu'aux dépens du mien propre, et sans qu'il
« m'en coûte mon repos ? Ne devez-vous pas
« craindre qu'à force de m'intéresser à ce que
« vous faites, je ne tâche de vous en dissua-
« der ; et pouvez-vous sagement vous confier
« à un homme qui ne saurait agir de bonne
« foi, sans trahir ses intérêts ? Vous le savez,
« depuis que vous renoncez au monde, mes
« intérêts deviennent bien différents des vô-
« tres. A quelle extrémité me réduisez-vous
« donc, pour répondre à la bonne opinion
« que vous avez de moi ? et qu'il m'en coûte
« cher de vous avoir persuadée de ma sin-
« cérité. Il faut que je me détache de moi-
« même pour me conformer à vos intentions ;
« il faut que j'étouffe tout sentiment de sen-
« sibilité et de délicatesse ; il faut enfin que

« je vous tienne un langage tout opposé aux
« mouvements de mon cœur, et que je m'i-
« mole pour vous satisfaire... Jamais la rai-
« son n'a tant pris sur la nature; mettez donc
« à ce sacrifice tout le prix qu'il mérite : c'est
« le plus grand que j'aie fait, et que je puisse
« faire de ma vie.

Dans cette lettre même, le comte d'Albret, après avoir exposé à sa maîtresse, en amant, les raisons qui pourraient l'attacher au monde, convient, en sage conseiller, que des raisons plus fortes l'appellent à la retraite. Il finit par l'affermir dans sa résolution, et jamais directeur spirituel ne s'est mieux exprimé que cet homme de guerre sur les choses du salut.

Avant la fin de l'année, l'amante du comte d'Albert se retira dans un couvent, où elle finit ses jours au sein de la plus austère pénitence. On peut dire que cette actrice de l'Opéra avait parcouru toutes les phases de la vie: Cavalier galant avec les demoiselles, femme tendre avec les hommes qui lui plaisaient, redoutable l'épée à la main avec ceux dont elle avait à se plaindre, spirituelle avec tout le monde, aimée du public pour ses qualités et même pour ses travers plus que pour ses talents, cette femme extraordinaire emporta dans la retraite une ample collection de souvenirs charmants à mettre en oubli, et de péchés plus ou moins gros à expier... Heureusement les trésors de la miséricorde céleste sont inépuisables; mais avouons que la demoiselle Maupin dut en faire une grande consommation.

VII.

COMMENCEMENT DES BALS DE L'OPÉRA.

C'est de l'année 1716 que datent les bals donnés à l'Opéra : l'idée en est due au duc d'Antin, courtisan ingénieux et fécond pour créer des amusements ; capacité nulle lorsqu'il s'agissait d'affaires sérieuses ; homme d'une probité suspecte dans les relations d'intérêt.

La salle du Palais-Royal, par sa forme, sa disposition et sa magnificence, était très propre à servir de lice au plaisir que venait d'innover d'Antin. Elle avait été construite, comme on sait, aux frais du cardinal de Richelieu, par l'architecte Lemercier. C'était un parallélogramme long de cent pieds, large d'environ cinquante; le théâtre s'ouvrait à l'une des extémités; sur le surplus s'échelonnaient vingt-sept degrés formant un vaste amphithéâtre, que terminaient, à sa partie supérieure, trois grands portiques d'un aspect fort majestueux. Sur les côtés régnaient deux balcons superposés, commençant aux arcades et finissant près du théâtre. Ces balcons, ainsi que les portiques et les parois latérales, offraient une surabondance de dorures, que le régent fit tempérer, parcequ'elles rendaient toute parure terne et mesquine. Au-dessous des galeries, où les spectateurs étaient assis sur des fauteuils, on voyait l'ouverture des quelques loges, réservées pour les princes et dans lesquelles ils se rendaient directement de l'intérieur du palais. Cette salle, à la conaissance même de l'architecte, devait manquer d'élévation : défaut qu'apparemment il n'avait pu éviter. Mais sur le plafond, le peintre Lemaire avait figuré une longue ordonnance de colonnes corinthiennes, paraissant supporter une voûte très élevée et enrichie de rosaces, feignant le plus minutieux travail du ciseau. L'artifice de la colonnade et des arceaux qui la couronnaient était tel qu'il restituait au local, par la plus admirable illusion, la hauteur que l'architecte s'était vu forcé de lui refuser.

Quant au théâtre, en 1716 il devait offrir toutes les ressources de la mécanique et de l'optique, en admettant que sous le règne de Louis XIII, un écrivain du temps n'ait pas mis une trop forte dose d'emphase dans la description que voici, et qui se rapporte à ce même théâtre. « On joua une pièce de Des-

« marets dans une salle sur le théâtre de la-
« quelle on voyait de fort delicieux jardins
« ornés de grottes, de statues, de fontaines
« et de grands parterres en terrasses sur la
« mer, avec des agitations qui semblaient
« naturelles aux vagues de ce vaste élément,
« et deux grandes flottes (dont l'une parais-
« sait éloignée de deux lieues), qui passèrent
« toutes deux à la vue des spectateurs. La
« nuit sembla arriver ensuite par l'obscurcis-
« sement imperceptible, tant du jardin que
« de la mer et du ciel, qui se trouva éclairé
« par la lune. A cette nuit succéda le jour,
« qui vint aussi insensiblement avec l'aurore
« et le soleil, qui fit son tour d'une si agréa-
« ble tromperie qu'elle durait trop aux yeux
« et au jugement de chacun. »

Si l'on ne devait pas faire ici très grande la part de l'exagération ordinaire aux écrivains contemporains de Richelieu, il faudrait convenir qu'en renvoyant trop tôt les machinistes et les décorateurs italiens, nous nous serions inspirés d'un patriotisme inopportun sous le règne de Louis XIV; car alors nous étions loin de savoir produire les merveilles dont je viens de copier la description. Toutefois, en restreignant de beaucoup la réalité de toutes ces belles choses, on reconnaîtra volontiers que le théâtre du Palais-Royal pouvait être vaste et bien disposé. Mais pour y introduire les bals masqués on eut quelques changements à faire. D'abord les gradins, qui étaient en pierre comme dans les cirques antiques, furent enlevés. On les remplaça sur une partie de l'amphithéâtre par des banquettes mobiles en bois, garnies de velours, au lieu des amples draperies frangées d'or que l'on jetait précédemment sur les sièges massifs (1). Le sur-

---

(1) C'était sur ces gradins que la reine Christine de Suède, pendant son séjour à Paris, prenait place, déguisée en homme, quand elle assistait au spectacle de la cour. Un jour cette princesse avait pris dans cet amphithéâtre une posture si inconvenante, que la reine, Anne d'Autriche, dut la faire prier, par un de ses gentilshommes de s'asseoir plus décemment.

plus de l'espace fut réservé pour un parterre où l'on se tint debout, ainsi que cela avait lieu dans les autres théâtres. Ce changement étant opéré, un carme, nommé le père Sébastien, trouva le moyen d'élever le plancher de la salle au niveau de la scène pour les bals ; cette invention lui valut une pension de quinze cents livres ; on en voyait alors de moins méritées.

Les bals de l'Opéra eurent dès la première année un succès prodigieux ; on ne payait que cinq livres pour être admis dans ce pêle-mêle charmant, où la folie et la malignité se donnaient carrière avec un complet abandon, auquel ni grandes dames ni bourgeoises ne paraissaient empressées de se soustraire. Il va sans dire que ces gentilshommes qu'on appelait les *roués du régent*, les La Fare, les Simiaine, les Nocé, les Gacé, les Ravanne, les Saint-Pierre, les Clermont ne manquaient guère d'assister à ces joyeuses réunions, où le sans-façon qu'ils affectionnaient pouvait être porté si loin sans effaroucher la beauté. Le duc de

Richelieu, que les dames titrées appelaient le *fils de Mars et de Vénus,* et le comte de Charolais qui, tout prince du sang qu'il était, ne jouissait pas auprès d'elles d'une aussi brillante réputation, donnaient le ton dans cette cohue bigarrée, et les Mémoires du temps vous ont dit ce qu'était ce ton là. Cependant mesdames de Gèvres, de Parabère, de Fargis, d'Averne, du Deffant, habituées des petits soupers du Palais-Royal, devaient, par comparaison, trouver les bals de l'Opéra d'une décence exemplaire. La duchesse de Berry, mademoiselle de Charolois et la princesse de Conti, sœur de cette dernière, ne voyaient cette arène du plaisir échevelé que comme le centre d'une *compagnie fort gaie ;* elles aussi avaient vu mieux. « En un mot, a dit, dans
« un récit très pittoresque qui nous sert de
« guide, une dame contemporaine et peut-
« être actrice des fêtes innovées par le duc
« d'Antin, la cour et la ville attendent avec
« une vive impatience les mascarades de l'O-

« péra, fixées à trois par semaine pendant
« toute la durée du carnaval. La salle réunie
« au théâtre forme un immense local, qu'é-
« clairent une multitude de lustres ; et, sous
« le jet de ces mille lumières, les intrigues
« des masques qui s'agitent, donnent le spec-
« tacle aux personnes qu'on voit se presser
« dans les loges et les galeries. Cette comé-
« die en vaut bien une autre. Le plus grand
« nombre des dames, sous prétexte de la cha-
« leur, se découvrent le visage, et y laissent
« voir, dans des scènes fort animées, des im-
« pressions que leur masque immobile dé-
« robait aux assistants. Ce n'est pas trop, en
« vérité, des cinq livres que les spectateurs
« paient à la porte pour jouir d'un si joli
« coup-d'œil, surtout quand le régent lui-
« même paraît au milieu de cet essaim de pa-
« pillons humains, très varié de couleurs,
» mais d'une nature identique quant aux
« mœurs. »

M. le duc d'Orléans, je dois le dire en fi-

dèle historien, goûtait singulièrement les bals de l'Opéra, bien que, jusqu'alors, l'Académie royale de Musique lui eût offert quelques-uns de ces passe-temps qui faisaient les délices de son pachalick. « Les modernes, dit à ce sujet
« l'auteur des mémoires déjà cités, l'ont sou-
« vent emporté sur les anciens dans la re-
« cherche du luxe et de la volupté : ainsi
« monsieur le duc d'Orléans, qui sait par-
« faitement l'histoire, ne veut pas rester au-
« dessous des Athéniens ; il ne désespère
« même pas d'égaler les Satrapes de la vieille
« Asie. Ce prince, dont le palais commu-
« nique avec la salle de l'Opéra, passe de
« l'un de ses cabinets dans sa loge, où il a
« fait placer un lit de repos. Souvent Son Al-
« tesse y vient avec la maîtresse adoptée ce
« soir-là, assister au dénoûment du théâtre,
« ou terminer le dénoûment de son petit-sou-
« per. Quelquefois, mandant une des actrices
« dont le chant ou la danse l'a séduit, il lui
« fait partager son siège moelleux, encore

« revêtue de ses atours de divinité, de nym-
« phe ou de reine. Un soir, le régent appelle
« Vénus, Diane, Hébé, et jusqu'à Minerve
« qui, comme on sait, n'est point du tout
« sévère à l'Opéra ; une autrefois, c'est Di-
« don ou Cléopatre qui vient déposer dans
« sa loge son diadème et sa fierté. »

Mais Terpsichore, sous les traits de la danseuse Emilie, l'emportait souvent sur toutes ses rivales, actrices, bourgeoises, grisettes ou femmes titrées. Exclue des petits soupers, auxquels le vice noble seul était admis, cette semillante pensionnaire de l'opéra regnait en récompense dans la loge du regent : simple odalisque ailleurs, elle était là sultane favorite ; et rien ne plaisait tant à son altesse que de signer sur ses genoux les édits élaborés dans la journée par ce satyre tonsuré qu'on appelait l'abbé Dubois.

Peu de temps après l'ouverture des bals, les loges situées au-dessous du premier balcon dans la salle de l'opéra, se multiplièrent singulièrement ; d'abord, il n'y en avait que trois : celle du roi, celle du Dauphin et celle de monseigneur le duc d'Orléans. En 1716 tous les princes, toutes les princesses, légitimes ou non, voulurent avoir leur loge particulière, et Monsieur le régent se prêta très volontiers à cette fantaisie, qu'il comprenait sans qu'on eût eu besoin de la lui expliquer.

La duchesse de Lorraine, sœur de son altesse, assistant un soir à la représentation de *Proserpine* avec son frère, l'interrogea curieusement sur l'accroissement rapide de ces petits boudoirs d'opéra, et le prince lui en fit la statistique avec une surabondance de détails dont la princesse dut arrêter l'effusion... Je resumerai la description de monsieur le duc d'Orléans, en disant que dans une des loges, il avait montré mademoiselle de Charolais et le duc de Richelieu, dans une autre la princesse de Conti et le marquis de Clermont, dans une troisième la duchesse de Berry avec le comte de Riom. — « Elle arrive tard » dit la du-

chesse de Lorraine, malicieusement peut-être, parcequ'elle en voulait un peu à sa nièce, je ne sais pas au juste pourquoi. — « Cela ne me
« surprend point, » répondit avec quelque amertume le régent, « l'empire que cet hom-
« me exerce sur elle s'étend jusqu'au choix
« de ses habits, jusqu'à celui des moindres
« chiffons servant à sa toilette; et par un ra-
« finement de malice bizarre, le drôle, se
« prononçant toujours pour les atours qu'il
« sait déplaire à la duchesse, lui défend de
« choisir ceux de son goût. Le croirez-vous,
« ma sœur, il se divertit à lui faire changer
« de coiffure ou de robe quand il s'aperçoit
« que sa mise lui sied; souvent il la fait desha-
« biller au moment de venir à l'opéra, surtout
« quand elle laisse remarquer quelque em-
« pressement à s'y rendre. C'est, je le parie,
« ce qui sera arrivé ce soir. »

Ce serait, on le voit, faire injure à mes lec-
teurs que de leur expliquer minutieusement pourquoi les loges de l'Opéra devinrent plus

nombreuses quand les bals prirent faveur : il n'y avait point alors à Paris de cabinets particuliers où l'on pût aller souper à cinq heures du matin ; point de restaurateurs qui eussent compris l'avantage d'une telle distribution de leur local... On ne trouvait alors dans notre capitale que d'ignobles cabarets, où la noblesse mâle s'enivrait avec une entière abnégation de grandeur, mais vers lesquels un domino rose ou bleu, quelque résigné qu'il fût, ne pouvait diriger sa marche furtive. Ah ! combien la régence serait devenue plus régence encore qu'elle n'était si, pour favoriser ses inclinations pécheresses, elle eût possédé les ressources imaginées par notre époque essentiellement morale, qui, vous le savez bien, ne les met pas à profit. En un mot, les loges fermées de l'Opéra étaient d'une impérieuse nécessité depuis l'existence des bals... Il se commençait sous les lustres tant d'intrigues charmantes, qu'il ne fallait pas exposer à l'âpre température de la rue..! Le sentiment refroidi ne se réchauffé pas toujours : qui ne sait cela ?

Dans ses expansions de bonne humeur, monsieur le régent se mêlait à la foule des masques, tenant par la main sa favorite du jour, quelquefois cherchant une aventure, à travers cette foule nuancée de conditions comme de couleurs. Un soir son altesse avait savouré avec tant d'abandon le doucereux mais traître Sillery, que monsieur de Canillac, l'un de ses gentilshommes, craignit que si le prince descendait en cet état dans le bal, le spectacle ne devînt trop burlesque pour les loges, relativement à la haute dignité de l'acteur. Il supplia donc le duc de se mettre au lit, lui insinuant avec douceur que la musique et les lumières pourraient lui faire mal à la tête. Le prince parut déférer au conseil du courtisan : il se coucha, et bientôt une suite de détonations nasales très caractéristique acheva de persuader à Canillac que son altesse était résignée. Mais la demi-ivresse ne se résigne point, et jamais elle n'abandonne une idée avant de l'avoir mise à exécution. Le ronflement de monsieur le régent était simulé; à peine le gentilhomme sagement inspiré eut-il quitté la chambre, que le prétendu dormeur appela son valet de chambre, se fit habiller et descendit dans la salle du bal, qu'il traversa plusieurs fois en décrivant des figures géométriques très éloignées de la ligne droite. Les galeries eurent le spectacle sérénissime que monsieur de Canillac avait voulu prévenir.

Mais ce n'étaient pas toujours des épisodes ou comiques ou galants qui s'accomplissaient aux bals masqués de l'Opéra; plus d'une fois le drame ferailleur y jeta le gant de la jalousie, de la rivalité, de la vengeance. Dans le carnaval de 1717, le prince de Soubise donna un souper à sa Petite-Maison; indiquer le lieu, c'est tout dire : petite-maison et conduite sage ont toujours été deux désignations grimaçant l'une à côté de l'autre. Parmi les convives, on comptait le prince de Conti, Richelieu, Simiane, Nocé, Riom, quelques roués encore ; mais Gacé manquait à la collection : lacune toute simple, sa femme était de la partie, avec mesdames de Nassau, de Forgis et de Nesle...; vous savez, madame de Nesle qui, deux ou trois ans plus tard, fut blessée en duel par madame de Polignac, qui lui disputait la possession de Richelieu. En 1717, le tour de ces dames n'était pas venu ; le petit scélérat accordait pourtant peu de fidélité à chaque conquête ; mais la liste des aspirantes était si longue.... Je reviens à madame de Gacé. Elle aimait prodigieusement le vin de Champagne ; par malheur, elle le supportait mal : c'était un bien grave inconvénient dans une petite-maison ; et cette fois il eut un monstrueux résultat. Il y avait bien des coupables solidaires du méchef, et Richelieu ne devait, en bonne justice, supporter qu'un cinquième au plus de responsabilité. Cependant ce fut à lui que le comte de Gacé, à qui l'aventure revint, voulut en demander raison.

Le comte rencontra le duc au bal de l'Opéra, courtisant une dame masquée. Le mari outragé, s'approchant alors du domino, lui dit tout haut :

— Vous auriez bien tort d'écouter monsieur, c'est un perfide.

— Comte, répliqua vivement Richelieu, le beau masque ne vous a pas demandé votre avis.

— Un chevalier galant ne doit pas attendre que la beauté l'interroge, quand il peut craindre qu'elle ne soit indignement trompée.

— Gacé, que signifie ceci ?

— Qu'il me convient de vous dire que vous êtes un homme sans foi ni loi.

— C'est donc une querelle que vous me faites ?

— C'est un duel qu'il me faut.

— Vous l'aurez... Puis, voyant que la dame courtisée, sans s'effrayer d'une si vive altercation, s'attachait à conserver la priorité sur l'adversaire, le duc ajouta : « demain au bois de Vincennes, à sept heures du matin.

— Ce soir même... ou j'abandonne l'affaire à mes laquais.

— Insolent! tu vas être châtié, s'écria Richelieu en rugissant, et il s'élança hors de la salle.

Les deux seigneurs, dans leur sortie précipitée, emmenèrent les premiers gentilshommes qui se trouvèrent sur leur passage. Ils traversèrent au pas de course la place du Palais-Royal, remplie de carrosses, et qu'une circulation incessante de gens masqués et non masqués rendait peu propre à un duel. Mais la rue Saint-Thomas-du-Louvre était déserte, à peine éclairée par un seul réverbère : le lieu parut convenable à nos champions. On entrait dans le mois de février ; la neige tombait à gros flocons, sans adoucir sensiblement un froid de quatre ou cinq degrés au-dessous de zéro. Richelieu et Gacé n'en jetèrent pas moins à terre leur habit richement brodé ; leurs fins carelets se croisèrent, et le combat le plus animé s'engagea sous la lumière blafarde du réverbère..... Depuis quatre à cinq minutes les épées, en cherchant la parade, sifflaient dans l'air qu'elles fouettaient, lorsque la chemise de Gacé fut soudain ensanglantée à trois endroits. Les témoins voulaient faire cesser le combat... « Eh ! non, » messieurs, s'écria le comte ceci n'est rien » que l'effet d'une arrivée un peu tardive » à la parade..... Il nous faut quelque chose « de mieux... En ce moment, le duc, frappé en pleine poitrine, tomba sur la neige, qu'il teignit de son sang. La blessure de Richelieu était profonde, mais sans gravité ; lui et le comte furent conduits à la Bastille.

Le fils de Mars et de Vénus raconte dans ses mémoires, que toutes les dames un peu bien posées en cour firent des pélerinages à la porte Saint-Antoine, pour le voir se promener sur la plate-forme du fort, lorsqu'il fut convalescent... le fat énumère, dans un chapitre impertinent, les baisers que ces dames, peu soucieuses du *qu'en dira-t-on*, lui envoyaient pour cartes de visite.

Mademoiselle de Charolais était une des habituées les plus assidues des bals de l'Opéra. « Les seigneurs qui me font leur cour,
» disait-elle un jour au régent, me comparent
» souvent à la rose ; eh bien, si la comparai-
» son est juste, le bal de l'Opéra est mon
» parterre. — Et vous en êtes le plus bel or-
» nement, ma cousine..., répondit le duc.
» Mais, prenez-y garde, on n'apprécie la rose
» qu'autant qu'elle reste fleur... » Mademoiselle de Bourbon ne profita guère de l'avis, et ne cacha pas davantage les circonstances où la fleur devint fruit. On sait que le jeune Voltaire improvisa au bal de l'Opéra ce quatrain passablement significatif, adressé à cette princesse, déguisée en capucin.

Frère Ange de Charolais,
Dis moi par quelle aventure,

Le cordon de Saint-François
Sert à Vénus de ceinture.

Le compliment eut été flatteur pour une marchande du Palais ou pour la femme d'un procureur ; mais la cousine du roi !..... On attache à cette ceinture de Vénus l'idée d'un nœud si facile à dénouer..... Pour mon compte, je trouve que le madrigal était ultra-galant... Mademoiselle de Charolais en fut enchantée. Elle dut l'être moins de cette épigramme, qu'inspira le même déguisement à je ne sais quel poète satirique, à La Grange Chancel peut-être, dont la muse aimait tant à mordre.

Frère de Charolais, renoncez à la quête ;
Vos plaisirs à la cour ont tant et tant coûté,
Quand vous les obteniez à titre de conquête,
Qu'ils ont chez nos seigneurs tari la charité.

Un fait curieux, c'est que ce fut en grande partie au bal de l'Opéra qu'une des femmes les plus spirituelles et les plus intrigantes de l'époque, madame de Tencin, parvint à faire un cardinal de son frère..... C'était un peu moins bien que l'admission de l'abbé Dubois au sacré collège ; mais ce n'était pas mal..... Madame de Tencin, avait allumé quelque lueur d'amour dans le cœur du régent, avant sa régence ; mais quoique fort séduisante, elle ne lui plut qu'un moment. « Eh bien ! » se dit elle, si je ne puis rien obtenir par » satan, je baiserai s'il le faut l'ergot de » Belzébut. » On ne pouvait pas retourner plus vilainement le proverbe : il vaut mieux s'adresser au bon Dieu qu'à ses saints.

Or, l'abbé Dubois ne se livrait pas avec une assiduité tellement exclusive aux soins du gouvernement, qu'il ne se ménageât bien quelques heures à passer sous le domino, dans cette foule bariolée qu'on voyait se presser trois fois par semaine au Palais-Royal. Vous dire qu'il s'en tirait avec bonheur, ce serait mentir ; si comme l'a prétendu je ne sais quel écrivain, les bals de l'Opéra étaient alors une loterie d'où l'on ne sortait jamais sans une aventure pour lot, Dubois avait rarement à se féliciter de son partage. Sous le déguisement, il filait, comme un autre, sa petite intrigue ; car le drôle savait au besoin avoir l'esprit agréable. Mais une fois que le masque était tombé, l'homme qui restait ne quittait guère sa conquête sans qu'elle l'eût battu. Il faut tout dire, le cynique du Palais-Royal était si hardi avec les femmes, que madame de Parabère, lorsquelle avait quelque chose à lui demander, ne lui rendait jamais visite sans avoir un bâton caché sous sa jupe, afin de réprimer à l'occasion les licences du visité. L'histoire n'a pas mentionné un personnage, qui, simultanément ait amassé plus de richesses et reçu plus de coups... La fortune seule, parmi les femmes, se plaisait à le favoriser. Mais madame de Tencin savait en maîtresse habile calculer les conséquences : elle comprit qu'en surmontant avec courage le dégoût qu'inspirait le favori du régent, elle parviendrait au filon d'or si péniblement recherché. Après s'être assuré l'impunité de ses escapades de chanoinesse, par le crédit du sieur d'Argenson, madame de Tencin avait échangé quelques soupirs de mauvais aloi contre les bonnes guinées du ministre disgracié Bolimbrock; puis elle s'était cramponnée au coffre-fort du conseiller La Frénaye, qu'elle avait ruiné et qui venait de se brûler la cervelle sur sa cassette vide... D'une si active exploitation de sa vie, l'ex-demi religieuse sortait pauvre : le Pactole qui lui était arrivé par l'intrigue s'était écoulé par l'amour vrai. Elle se dit un matin : « Il faut changer de tactique ; les biens monnayés sont, par leur nature roulante, fugitifs et périssables ; les dignités valent mieux. Malheureusement les femmes n'obtiennent ni gouvernemens, ni intendances, ni crosses, ni barettes ; mais elles peuvent procurer tout cela... Je ferai mon frère cardinal. » Vous comprenez, j'espère, comment la dame entendait s'y prendre: le moyen n'était pas nouveau ; mais au moment où j'écris il n'a pas encore cessé d'être infaillible.

Madame de Tencin avait trop de savoir-faire pour arriver au Palais-Royal par l'entrée ostensible et la filière étroite des solliciteurs vulgaires. D'ailleurs, elle prétendait, je ne puis dire pourquoi, que rencontrer M. le régent, c'eût été compromettre ses affaires ; affirmant que dans une telle rencontre, ce serait le duc qui rougirait ; et c'est une mauvaise politique que de faire rougir les princes. Elle s'arrêta donc au projet d'intriguer l'abbé Dubois au bal de l'Opéra ; et elle y réussit si bien qu'un secrétaire intime du cardinal-ministre a écrit le récit que je vais rapporter : J'ai l'original sous les yeux. Lorsque ceci se passait, Dubois pouvait occuper déjà le siège de Fénélon en simarre rouge (1), et l'on va

(1) A cette époque des plaisans de la cour envoyèrent

voir en qu'elle compagnie il élaborait ses œuvres pastorales.

« Malgré la nouvelle dignité ecclésiastique,
» la courtisane (j'adoucis le mot) allait tou-
» jours son train ; elle avait son entrée libre
» au palais. Madame de Tencin, sœur de l'ab-
» bé, continuait de venir chez son Éminence.
» Un soir qu'étant couché, il devait faire par-
» tir un exprès et signer des dépêches que
» j'expédiais en chiffres, j'étais harcelé à tout
» moment de sa part pour savoir si j'avais
» bientôt fait. Ayant fini, je montai ; il jura;
» je lui représentai que je ne pouvais faire
» qu'en faisant et que je n'étais pas une fée.
» Le sujet de toutes ces vivacités et de tous ces
» jurements était que le cardinal attendait
» madame de Tencin, qu'il ne voulait pas que
» je rencontrasse dans l'escalier dérobé où

---

au chapitre de Cambray un panier de groseilles dites à macreau, avec cette suscription : *Voici de quoi faire la sauce, en attendant le poisson.*

» ma chambre. *Bain*, l'un de ses valets de
» chambre, fait à ce manège, était en senti-
» nelle sans lumière au haut de l'escalier
» pour guetter l'hirondelle. Je venais d'expé-
» dier mon souper comme un clerc de pro-
» cureur, lorsque, remontant à ma chambre
» avec ma lanterne de papier, je trouvai une
» belle femme, c'est-à-dire madame de Ten-
» cin à trois degrés au-dessus de ma porte.

» Cette *dévote* chanoinesse traînait encore
» chappe, quoiqu'elle fût alors un peu loin
» du chœur de son abbaye. C'était une mante
» ou capote anglaise d'un beau camelot au-
» rore, doublé de taffetas bleu et bordé d'un
» ruban de même ; car, selon le vieux pro-
» verbe, les rubans bleus sont la couleur des
» amoureux. Je parus fort interdit de voir
» dans cette montée une femme à dix heures
» du soir ; je balançai si je devais avancer
» ou reculer. Cependant la belle brune, me
» prenant pour le valet de chambre intro-
» ducteur, et croyant que ma porte était celle

» par où l'on entrait dans l'appartement du
» cardinal, me dit d'un ton doux et agréable :
» Monsieur, n'ayez point peur ; ouvrez la
» porte ; vous devez bien croire que je viens
» ici par ordre (le mot est drôle). Et, en me
» parlant, la fine mouche avait eu la précau-
» tion de lever le devant de sa mante et d'en
» faire une espèce d'écran, afin que la lueur
» de ma bougie ne pût pas se réfléchir sur son
» visage. Quoiqu'elle fût déguisée ainsi, je la
» reconnus cependant à merveille : j'entrevis
» son beau minois, de grands yeux bien fen-
» dus et très vifs, une belle garniture de Ma-
» line, ornée de Rubans d'or ; le tout dans
» l'enfoncement du coqueluchon de mante.
» *Bain*, l'entendant parler, lui cria d'un ton
» assez bas : Madame, ce n'est point là ; mon-
» tez plus haut. Aussitôt après, on ferma la
» porte ; et la chanoinesse fut ainsi cloîtrée
» pour cette nuit. »

Et voilà comment, au commencement du
XVIIIe siècle, on faisait des cardinaux, en pas-

sant par le bal de l'Opéra et les escaliers dérobés du Palais-Royal. Je ne crois pas que les biographes de madame de Tencin aient relaté ce fait dans sa monographie ; mais comme il est réel, je ne suis pas surpris que d'Alembert, fils naturel de cette dame, ait refusé de reconnaître sa maternité.

VIII.

M. LE RÉGENT COMPOSITEUR.
DIVERSITÉS.

Les historiens ont, en général, dessiné colossales les figures des travers dont monseigneur le duc d'Orléans, régent de France, subissait l'ascendant, sans les combattre, il faut bien l'avouer, avec une grande opiniâtreté. Mais il me semble que ces écrivains ont peint en minature les qualités et les mérites de ce prince : nous le concevons des historiographes; ils avaient mission pour cela. Mais les annalistes consciencieux, indépendants... helas! ils deviennent si facilement historiographes... L'eau claire que la conscience boit dans son grenier est si fade, et le vin de champagne que le servilisme verse à flots pressés est si délectable! La maison d'Orléans, dans le sommeil agité des fils aînés d'Henri IV, était un cauchemar d'un poids accablant, et leur réveil était prodigue de largesses en vers qui voulaient la décrier. De là ses victoires dédaignées, ses talents niés, ses bonnes intentions méconnues; et l'on trouvait des plumes pour consigner tout cela. Mais le temps riait dans sa vieille barbe, d'une si déplorable émission d'expédients; et la destinée répondait à ce rire prophétique en haussant les épaules... Vous-voyez bien que l'un et l'autre avaient raison.

Moi, qui n'eus et qui n'aurai jamais de

tâche dynastique, je dois dire ici, pour me montrer historien fidèle de l'opéra, que le duc d'Orléans, élève de Charpentier pour la composition musicale, fit en très grande partie la musique d'*Hypermnestre*, tragédie-opéra attribuée à Gervais, maître de la Chapelle du Roi, et qui fut représentée en 1716. Il y a plus, le poème, qui était du sieur Lafont, ayant souvent présenté quelque difficulté au sérénissime compositeur, il appela le poète un matin et lui dit :

— Mon cher Lafont, j'ai marqué dans votre pièce des passages qui me gênent.

— Cela ne m'étonne pas, monseigneur; c'est l'usage.

— Et je m'y conforme d'autant plus volontiers, que ma science est plus petite.

— Ce que votre altesse me fait l'honneur de me dire est un témoignage de sa modestie, contre laquelle toutefois je m'inscris en faux.

— Attendez donc, vous allez voir que je suis ou moins modeste ou plus ignorant que vous ne pensez... En vous priant de faire des changements je crains....

— De me blesser, peut-être, interrompit Lafont... Je supplie votre altesse de ne se point gêner et d'agir à sa guise.

— Je vais donc vous prier...

— De refaire les passages?

— Non, de me les laisser refaire moi-même.

— Ils y gagneront, se hâta de répondre le poète, avec un pincement de lèvres qui signifiait : vous allez gâter ma pièce.

— Ne me félicitez pas ; incapable de m'élever jusqu'à la difficulté, je la fais tout bonnement descendre jusqu'au niveau de mon petit savoir... Mais soyez tranquille, j'aurai le soin, quand j'en serai à mon plâtrage littéraire, de produire beaucoup de bruit avec mes accompagnements, pour sauver l'honneur de votre nom.

Et Lafont trouva ce dernier argument d'autant plus noble, que son altesse l'appuya d'un rouleau de cent louis, glissé dans la main du poète.

L'auteur d'*Hypermnestre* était, du reste, l'homme le plus disposé à subir de semblables échecs d'amour-propre; se piquant d'une philosophie pratique peu relevée, quoique né de parents honnêtes, il fuyait la bonne compagnie, et faisait d'ordinaire son Parnasse du premier cabaret d'un aspect riant qu'il rencontrait dans ses promenades aux environs de Paris. Il s'y établissait pendant cinq, dix, quinze jours, et n'en sortait que lorsqu'il n'avait plus d'argent pour y rester. Quelquefois même Lafont, ainsi que le peintre Collalto, payait son cabaretier avec des enfants de sa plume, bluettes spirituelles, soit en vers, soit en prose, qu'achetait volontiers le propriétaire *du Mercure*. Dans ce cas, les quittances que notre poète se faisait donner par son hôte étaient à peu près conçues ainsi :
« Je soussigné reconnais avoir reçu de mon-
« sieur Lafont un madrigal, deux acrostiches,

« trois épigrammes et un sonnet, pour four-
« niture de vin, de bonne chère et loyer de
« chambre, avec bois et chandelle. » Voici
une des épigrammes que Lafont *paya* au cabaretier, durant le rigoureux hiver de 1709.

>Hé quoi, s'écriait Apollon,
>Voyant le froid de son empire,
>Pour chauffer le sacré vallon,
>Le bois ne saurait donc suffire?
>Bon, bon, dit une des neuf sœurs,
>Condamnez vite à la brûlure
>Tous les vers des méchants auteurs ;
>Par là nous ferons feu qui dure.

Un habitué du foyer de l'opéra, qui lisait cette épigramme, écrivit dessous au crayon :
« Et l'auteur pourrait, pour son compte, ali-
« menter longtemps le feu. »

A la première représention d'*Hypermnestre*, le régent, dont la collaboration était un secret de comédie, n'avait pas voulu se placer sur le devant de sa loge : il se produit toujours sur les traits d'un auteur, en présence du public, un reflet des impressions qu'il reçoit; et comme en définitive, son altesse n'était auteur qu'incognito, il pouvait survenir quelque épisode dans l'arrêt du parterre, qui fît grimacer un peu, sur le visage de l'illustre compositeur, la majesté quasi royale. Heureusement les indiscrétions avaient été nombreuses : la musique, d'une incontestable médiocrité, attribuée à Gervais fut applaudie, sans que le grand seigneur eût pris la précaution, recommandée depuis par Beaumarchais, d'y mettre son nom, à défaut du talent qui pouvait y manquer.

Le devant de la loge du prince était occupé par madame la duchesse d'Orléans et par sa fille Louise-Adélaïde. Celle-ci prenait au spectacle l'intérêt le plus vif : c'était, m'allez-vous dire, d'une bonne et tendre fille, enchantée de voir un nouveau titre de gloire s'ajouter à l'auréole, un peu mélangée, qui rayonnait sur le front de son père. Assurément ce plaisir devait entrer pour beaucoup dans la satisfaction de la jeune princesse ; mais mon devoir d'historien me prescrit d'ajouter que l'intérêt dont je vous entretiens ne s'attachait pas moins vivement à l'un des exécutans de l'ouvrage qu'à l'auteur de la musique. Le chanteur Cauchereau, qui jouait un rôle important dans *Hypermnestre*, était le professeur de mademoiselle Adélaïde : c'était un très beau cavalier, et la jeune altesse aimait beaucoup sa méthode. Monsieur le duc d'Orléans en paraissait infiniment moins satisfait, quoiqu'il eût été le premier, disait-on, à l'enseigner à sa fille : les opinions changent, en musique comme en toute autre chose. Mademoiselle Adélaïde donc, exprimait à chaque instant le plaisir que lui faisait éprouver le chant de Cauchereau : enthousiasme bien naturel, en vérité, dans une dilettante de 17 à 18 ans. Mais il vint un moment où la princesse, entraînée par un transport dont elle ne fut pas maîtresse, s'écria : « Ah ! mon cher Cauche- « reau, que c'est bien ! » Madame la duchesse d'Orléans, qui venait d'entendre ce cri d'une âme juvénile, à propos d'un morceau passionné, trouva l'exclamation admirative un peu excentrique... Je ne sais pas ce qu'elle en conclut; mais dès le lendemain elle cessa de mettre obstacle à la vocation monastique qui, depuis quelque temps, se prononçait impérieusement chez mademoiselle Louise-Adélaïde, à travers une foule d'autres goûts mondains, qui en formaient le plus étrange accompagnement. Ainsi cette aspirante à la vie cloîtrée s'occupait d'histoire naturelle, de chimie, d'anatomie; elle s'exerçait au tir, à l'équitation, à l'escrime, composait des feux d'artifice, et se livrait à mille autres caprices qui n'annonçaient pas un renoncement bien décidé aux vanités de ce monde. Cependant mademoiselle Louise-Adélaïde entra en religion dans cette même année 1716, et devint presque aussitôt abbesse de Chelles. Je ne la suivrai point dans cette communauté, quoique je pusse y trouver des épisodes et des tableaux de mœurs plus inhérents à l'histoire de l'Opéra qu'à celle des institutions ecclésiastiques.

A une époque assez récente, l'Académie royale de Musique, toute languissante d'un marasme musical, inspira au vaudevilliste Dartois ce trait de critique, qui formait la pointe d'un couplet :

> Et l'opéra ne marche plus
> Qu'avec les jambes des danseuses.

Eh bien ! cette situation était à peu près celle de ce même théâtre, sous la régence et dans les années suivantes. Certes ! on allait bien alors pour les jambes elles-mêmes à l'Opéra ; car l'art dont elles étaient l'organe n'avait pas fait de grands progrès. Mademoiselle Prevost, la Taglioni du temps, était une femme jolie, parfaitement faite, souple, gracieuse, coquette dans ses attitudes, dans les inclinaisons étudiées de son buste modèle ; mais sa jambe, devant laquelle se seraient agenouillés Coysvox et Girardon, son pied, digne de partager le même culte, demeuraient quasi-innocents d'intention dans cet ensemble de séductions. Courantes, gavottes, chacones, gargouillades, sarabandes, menuets, étaient une suite de minauderies, de poses, d'enjambées petites ou grandes, de jarrets pliés ou raidis; voilà tout. La danse avait quelquefois un certain caractère : je l'ai déjà dit, on savait dessiner les ballets; mais elle était dépourvue de pas. En un mot, la difficulté vaincue, qui constitue essentiellement l'art, en lui donnant un mérite, ne se faisait nullement remarquer dans ce que les danseurs et danseuses exécutaient sur le théâtre. On peut qualifier l'attrait qu'ils prêtaient aux représentations, une exposition académique, et, pour tout dire, un appel aux sens. Les trois Dumoulin, Blondi, que l'on appelait alors le grand danseur, et après eux Dupré, firent beaucoup de conquêtes parmi les présidentes et les conseillères de l'Ile-Saint-Louis, mais fort peu dans la danse théâtrale. Mademoiselle Prevost et mademoiselle Petitpas, réputées danseuses virtuoses, parce que de leur temps on n'avait rien vu de mieux, obtinrent un triomphe vraiment mérité, mais sur une autre scène que l'Opéra. La première de ces dames, fière, impérieuse, jalouse autant que belle, ne voulait souffrir aucun début qui pût porter atteinte à sa réputation. Romanesque à l'excès, elle voyait dans son avenir des principautés, une fortune souveraine; et lorsqu'une jeune et jolie actrice obtenait un peu de succès dans la sphère d'admiration qu'elle prétendait occuper seule, il lui semblait qu'elle perdît à cela l'un des fleurons de sa future couronne. Quelquefois cependant mademoiselle Prevost descendait du trône de ses rêves pour envier les aventures de ses camarades; car, en attendant la grandeur suprême, elle s'accommodait volontiers d'une intrigue vulgaire, lorsqu'elle lui paraissait piquante. Elle fut intraitable, durant une semaine, en

1732, querella les régisseurs de l'Opéra, chassa sa femme de chambre, battit son laquais et congédia deux de ses amants, parce que mademoiselle Petitpas, et non pas elle, avait été l'héroïne de l'aventure que voici :

Un jeune gentilhomme, opulent d'amour, prodigue de soupirs, mais, par la plus puissante des raisons, économe d'espèces sonnantes, s'éprit d'une passion violente pour mademoiselle Petitpas, vers l'année 1732. Notre amoureux, ami des antithèses, se dit : « Quand on est riche, on commande en « amour, surtout à l'opéra ; quand on est « pauvre et qu'on aime, il faut servir. » En vertu de cet argument *in baroco*, notre gentilhomme, qui n'avait jamais osé parler à la beauté qu'il adorait et n'en était point connu, endossa l'habit d'un laquais, et parvint à entrer au service de mademoiselle Petitpas.

Je soupçonne que ce noble adorateur avait peu expérimenté l'amour, tout capitaine de dragons qu'il était ; car, mieux fixé sur les orageuses émotions de ce sentiment, il ne se fût point exposé aux tourments qu'il se préparait, l'infortuné. En effet, jugez quelles durent être ses souffrances, en voyant chaque jour un nouveau rival chasser en braconnier sur ce domaine, dont il eût payé la possession d'une moitié de son sang. Stoïque néanmoins dans le martyre qu'il s'était imposé, il servait sa maîtresse avec le zèle le plus facile à concevoir, un zèle d'amant déguisé... Son attention était d'autant plus scrupuleuse, qu'elle lui procurait de temps en temps quelques échappées de vue sur les trésors qu'il convoitait. Du reste, indifférent aux œillades assassines de la cameriste, Joseph-et-demi avec cette Putiphar d'antichambre, il ne détournait pas un atome de l'encens qu'il voulait brûler à l'autel de sa divinité... Enfin, l'Amour eut pitié de ce soupirant puritain.

Un soir que mademoiselle Petitpas donnait à souper à un officier du régiment auquel appartenait son prétendu laquais, il ne put se dispenser de servir à table, et fut reconnu par son camarade.

— Ah! ça, mais, ai-je la vue troublée au commencement de ce souper, comme il serait naturel que je l'eusse à la fin, s'écria le convive de la danseuse?... Est-ce une fascination, un sortilège, une diablerie?... Mais non, je veux être damné si ce laquais n'est pas mon camarade...

— Votre camarade!... s'écria à son tour l'actrice en regardant avec effroi son commensal..... Viendriez-vous ici renouveler la farce des *Précieuses ridicules*... Ne seriez-vous qu'un misérable valet!...

— Du tout, du tout, ma belle, je suis bon gentilhomme et capitaine aux dragons de la Reine, ainsi que le marquis de Saint-Pierre, votre laquais pour le moment : c'est précisément la contre-partie des *Précieuses ridicules* qui se joue chez vous.

— Quoi, monsieur, serait-il possible? reprit mademoiselle Petitpas en se retournant vers le marquis... Et quel motif a pu vous déterminer à prendre un tel déguisement?

— Pouvez-vous le demander, femme adorable? dit le faux laquais en laissant tomber la serviette qu'il avait sous le bras, et en tombant lui-même aux pieds de la danseuse... Le premier jour que je vous vis, je vous adorai; mais je me sentais trop peu de mérite (il voulait dire trop peu d'argent) pour vous plaire..... Que sais-je ce que j'osai espérer en entrant chez vous sous cet habit...

— Je vais te le dire, marquis, ce que tu espérais, interrompit l'autre officier..... Par le temps qui court, il est plus d'une dame qui, par goût pour la variété, égare ses soupirs dans son anti-chambre ; et tes espérances se seront basées sur cette coutume, qui s'étend...

— Pas jusqu'à l'Opéra, interrompit à son tour mademoiselle Petitpas..... Mais comme M. le marquis n'est qu'un laquais supposé, et que sa conduite délicate...

— Je comprends, reprit le commensal, nous entrons dans le roman à la mode : la conduite délicate du marquis doit être reconnue par un trait de désintéressement, dont je vous crois très capable en ce moment, ma toute belle. Les amours d'Opéra, voyez-vous, ont deux faces, comme le vieux Janus : l'une sourit à la tendresse vraie, la tendresse qui ne paye qu'en soupirs ; l'autre fait les doux yeux aux louis cordonnés. Or, je suis trop l'admirateur des sentiments généreux pour mettre obstacle à l'élan de votre reconnaissance... Nous allons souper en tiers, et puis je m'éclipse... Hein? suis-je bon camarade, marquis ?... Après cela, la magnanimité de notre charmante hôtesse exalte la mienne... Je serais honteux d'opposer à l'or pur de ses sentiments, l'or amplement mêlé d'alliage frappé à la monnaie de Paris... fi donc ! il y aurait profanation.

Après cette protestation, qui prouva à mademoiselle Petitpas que l'officier n'était point fâché de conserver les cinquante louis qu'il ne sacrifiait pas apparemment sans regret, on appela la femme de chambre pour servir à table ; ce dont elle s'acquitta en lançant au magnanime capitaine plus d'un regard provocateur, qui, peut-être, lui obtint dès-lors la certitude d'être vengée des dédains du valet supposé. Quoiqu'il en soit, fidèle à sa parole, l'amant d'aubaine de la danseuse se leva de table à minuit et se retira, ou du moins parut se retirer.

A quelque temps de là, le marquis de Saint-Pierre, beaucoup moins fidèle qu'il n'avait été humble et persévérant pour se faire aimer de mademoiselle Petitpas, apprit que mademoiselle Prevôt avait envié à sa jeune camarade l'aventure que je viens de vous raconter ; il voulut faire le passionné auprès de la superbe danseuse ; mais il échoua complètement dans sa tentative : — « Des marquis capitaines de dragons, lui répondit-elle ; mon antichambre en est pleine tous les matins, et je n'en reçois plus... C'est le marquis-laquais dont j'aurais voulu faire la conquête : votre talisman c'eût été votre livrée... Il y avait là une idée nouvelle, originale... romanesque. Le leste uniforme, le casque doré ne séduisent plus que les pensionnaires des Ursulines, en se montrant au clair de la lune, sur les murs d'un couvent ; vous retombez dans le vulgaire, mon cher marquis... Il y a longtemps que j'en suis aux ducs.

Au moment où l'on riait de cette anecdote au grand-lever de Louis XV, en dépit des sourdines que l'Abbé de Fleuri s'efforçait d'apposer sur les propos joyeux des courtisans, l'Opéra agonisait décidément sous la baguette des successeurs de Lully. Il y avait des beautés dans leurs compositions, mais des beautés essentiellement somnifères : ils devenaient assommans de gravité et de respect pour l'*harmonie large*, comme on disait alors. *Idoménée*, de Danchet et Campra ; le *Jugement de Paris*, de mademoiselle Barbier et Bertin ; *Pirithoüs*,

de La Serre et Mouret ; *Polydore*, de La Serre et Batistin ; *Renaud*, de l'abbé Pellegrin et Desmarets ; *Sémiramis*, de Roy et Destouches ; les *Stratagèmes de l'Amour*, des mêmes auteurs ; *Thélegone*, de l'abbé Pellegrin et La Coste, et quelques autres compositions, tragédies ou comédies, opéras et ballets, avaient passé sur la scène de l'Académie royale de Musique de 1716 à 1733, sans exciter ces vives émotions qui sont, pour les œuvres de l'esprit et de l'art, les garanties d'une longue vie. *Jephté*, opéra sacré, était une innovation qui pouvait tirer l'Opéra de l'espèce de léthargie où il languissait ; mais le cardinal de Noailles en fit défendre la représentation. « C'est bien assez, dit ce prélat à l'abbé Pel-
« legrin, auteur du poème, c'est bien assez
« que vous, homme d'église, vous vous occu-
« piez d'œuvres réprouvées par elle, sans
« que vous traîniez sur les tréteaux des su-
« jets tirés des saintes écritures. — Monsei-
« gneur, répondit le poète, j'imite sous ce

« double rapport les ministres du Seigneur,
« qui furent parmi nous les premiers comé-
« diens; seulement j'exige plus de chasteté
« dans les représentations, et j'ai soin de
« rendre les sujets sacrés décents, avant de
« les offrir au public. » Le cardinal, qui n'é-
tait pas heureux à la réplique, se borna à
répondre : « Je ne veux pas qu'on joue votre
« pièce, et je vous affirme, monsieur, qu'on
« ne la jouera pas. — Je m'en rapporte à vo-
« tre éminence, repartit Pellegrin en se re-
« tirant après un salut profond : les ordres
« furent toujours plus faciles à donner que
« les raisons. » *Jephté* demeura donc interdit: mais la musique de cet opéra, qui était
de Montéclair, fut l'origine d'une révolution
dans le monde musical, comme on le verra
bientôt.

On ne parvint pas même à émouvoir le public en faveur de la *Reine des Péris*, comédie-
lyrique, avec prologue, de Fuzelier et Aubert,
jouée en 1725, et que des auteurs ont *inven-*

tée en 1843, comme nous inventons tous les jours ce que nous retrouvons.

Il faut pourtant ajouter, en historien impartial, que le ballet *des Éléments*, qui avait été joué aux Tuileries en 1720, pour faire danser le jeune Louis XV, à l'exemple de son bisaïeul, fut représenté à l'Opéra quatre ans après, avec un succès décidé. Mais c'est surtout aux prospérités que s'attache la critique, parce que la critique est toujours mêlée d'un peu d'envie : il y avait dans le ballet *des Éléments* un pas de vestale, dansé par mademoiselle Prevost : frappé du choix de l'actrice, un plaisant du foyer fit ce quatrain :

>Où s'avise-t-on, ma féale,
>De vous placer incongrûment ?
>A l'Opéra montrer une vestale !!!
>Ce n'est pas là son élément.

Ce ballet-opéra était du sieur Roy ; Destouches et Lalande avaient composé la musique ;

un maître de ballets, nommé Balon, avait disposé la partie chorégraphique. Roy, qui rappela quelquefois Quinault sur la scène lyrique, avait été baptisé à la paroisse Saint-Louis, le jour même où l'on enterrait ce poète célèbre : l'un entrait dans la vie, l'autre entrait dans la tombe.

La plus morne tranquillité régnait dans le monde musical au commencement de l'année 1733 ; à peine si le bruit de quelques équipages troublait, le jour des représentations, le silence de la place du Palais-Royal.... Paris avait oublié le chemin de l'Opéra. Mais vous qui avez vu la mer, ne fût-ce que dans les romans maritimes de monsieur Eugène Sue, vous savez que la plus violente tempête succède souvent au calme plat. Il y eut donc une tempête produite dans les parages de l'Opéra, par un aquilon audacieux, soufflant de l'Itatalie, chargé des accents de Pergolèse : cet aquilon, qui serait aujourd'hui un monotone et languissant zéphir, s'appelait Rameau.

IX.

RAMEAU — ANECDOTES DE SON TEMPS.

On voyait souvent par les rues, vers 1731 et 1732, un homme d'environ cinquante ans, assez mal équipé, peu boutonné, ayant une perruque vierge des atteintes du peigne. Cet homme marchait toujours avec une agitation qui le donnait en spectacle aux passants : spectacle varié, se produisant tantôt par une gaîté déclamatoire, tantôt par une sorte de fureur chagrine. Ce mime ambulant n'était rien moins que Jean Feri-Rameau. On savait qu'il touchait de l'orgue à Sainte-Croix de la Bretonnerie ; qu'il exécutait dans cette église des morceaux de sa composition, dans lesquels se révélait l'école de Pergolèse et de Correlli, très mitigée ; qu'enfin il déclarait à qui voulait l'entendre que l'art musical se trouvait à l'Opéra, mais l'art endormi et endormant. Rameau agissait, composait et pensait ainsi quand parut le *Jephté* de Montéclair. Oh! oh! dit l'élève français de l'école italienne en voyant cet opéra, le rêve commence à s'agiter, et le public paraît goûter ce nouveau genre... Si l'on tentait davantage... Frappé de cette idée, il songea à la mettre à exécution. Mais il avait pour cela plus d'un obstacle à surmonter : d'abord l'ombre de Lulli planait, radieuse et colossale, sur le monde harmonique, protégeant de son manteau les serviles imitateurs de ce grand maître ; la poésie lyrique s'était engagée dans l'ornière tracée par son char triomphal ; et tout effort pour l'en sortir eût semblé sacrilège à la plupart des auteurs. Enfin, Rameau, qui n'était encore connu que par la composition de quelques pièces pour le clavecin, avouait candidement que jamais il n'avait étudié les règles de la composition. Cependant, poussé par ce pressentiment des succès, qui en est souvent le premier et le meilleur véhicule, l'organiste de Sainte Croix de la Bretonnerie se présenta un matin chez l'abbé Pellegrin ; il s'était dit : « Ce poète me comprendra mieux qu'un autre, puisque *Jephté* a produit quelque sensation, avec une musique plus animée que celle des Lullistes fanatiques. » Rameau raisonnait avec justesse : Pellegrin, que le cardinal de Noailles avait mis en demeure de renoncer à la messe ou à l'Opéra, avait opté en faveur de ce dernier ; interdit par l'official, il venait d'ouvrir une manufacture de vers. Il *tenait* non seulement la comédie, l'opéra-comique et le grand opéra, mais encore la chanson, le madrigal, l'épigramme, l'épithalame, le compliment, l'acrostiche, etc ; le tout à juste prix, selon le nombre de vers, la mesure et la puissance de pensée. Rameau jugea que cet écrivain, ayant un débit ouvert des productions de l'esprit, ne refuserait pas de lui composer un poème, auquel il pourrait appliquer l'essai de sa musique.

— Monsieur, dit le musicien sans autre préambule en entrant chez le poète, voulez-vous *me vendre* les paroles d'un opéra.

— A qui ai-je l'honneur de parler? demanda Pellegrin avec ce ton affable qui le distinguait.

— Vous parlez, monsieur, à un homme qui croit que la musique, pour être bonne, pour plaire surtout, doit être un peu moins un art que l'expression des passions; et j'ai l'intention d'essayer si le public sera de mon avis.

— Je le crois, monsieur ; mais, comme vous dites, c'est un essai, et je ne pourrais en épouser les chances.

— Je ne viens point vous le proposer ; mais je voudrais acheter à terme.

— Dans mon commerce, répondit Pellegrin en souriant, le crédit serait pour l'ordinaire assez chanceux : la marchandise que je vends est du nombre des articles sur la valeur desquels les consommateurs sont rarement d'accord ; et si ces articles durent peu, la créance du marchand devient quelquefois une non-valeur.

— Je vous donnerai mon obligation écrite et signée *Rameau*, organiste de Sainte-Croix de la Bretonnerie.

— Soit, monsieur ; je vous ferai un poème d'opéra, que j'échangerai contre votre billet à six mois, d'une somme de cinquante pistoles.

A deux mois de cette convention, on répétait chez un riche financier le premier acte d'*Hippolyte et Aricie,* tragédie lyrique échangée contre le billet de cinq cents livres souscrit par Rameau. Après quelques morceaux, Pellegrin, frappé de la musique brillante qu'il entendait, se leva précipitamment et, s'avançant vers le compositeur, il lui dit avec vivacité :

— Ce n'est pas avec un musicien comme vous, monsieur, qu'il faut prendre des sûretés ; et joignant le procédé aux paroles, le poète déchira publiquement l'effet qu'il s'était fait donner.

« Cependant l'opéra nouveau, dit un mémorialiste du temps, fut joué avec peu de succès : le fanatisme de l'ancienne musique échauffait presque toutes les têtes : les lullistes, enthousiastes, choqués d'une harmonie qu'ils appelaient audacieuse, prétendirent que cette richesse d'accords étourdissait l'oreille et obstruait le chemin du cœur. Rameau eut néanmoins ses partisans parmi les connaisseurs : ils soutinrent que ce novateur heureux prêtait à la musique une force et des ressources nouvelles; qu'il éclatait un génie supérieur dans ses symphonies ; que ses chœurs étaient remplis de mélodie ; que ses morceaux de chant abondaient en motifs neufs ; qu'enfin ses airs de danse seraient enviés par l'Italie elle-même. » La querelle musicale s'échauffa, s'étendit, se généralisa bientôt à tel point que tout le monde prit parti pour ou contre *Hippolyte* et *Aricie*. Au foyer de l'Opéra, les adversaires, contenus par les suppôts de la police, se toisaient d'un regard courroucé comme des Guelphes et des Giblins ; on discutait dans les coulisses, dans les loges des acteurs ; Jupiter *Lulliste* et Junon *Ramiste*, en attendant dans les frises l'instant de descendre de l'Olympe, se querellaient avec acharnement ; tandis que Pluton et Proserpine se fussent arrachés les cheveux sous le théâtre, par suite de la même discussion, s'ils n'eussent pas porté perruque. Au cours, on entendait crier d'un côté *Armide ! Athis !* de l'autre *Hippolyte et Aricie !* il ne manquait plus dans cette fronde musicale que des bannières où les titres de ces opéras fussent écrits ; ce complément ne se fit pas attendre : les dames du *bel air* parurent aux Tuileries avec des éventails à l'*Armide,* des Fontanges à l'*Athis* ; tandis que les cavaliers se donnaient des nœuds d'épée à l'*Hippolyte...* Si, du séjour des ames, le héros grec comtemplait cette mode, il devait être quelque peu surpris de voir ainsi enrubanner son nom, à propos d'un opéra.

Le prince de Conti, qui avait pris beaucoup de plaisir à la musique de Rameau, n'osait cependant se déclarer en faveur du hardi novateur, parce qu'une jeune comtesse, dont il était fort épris, l'avait menacé de fermer au verrou la petite porte de son jardin, si son altesse se déclarait *Ramiste.* Le prince, tenant beaucoup à ce que ladite porte restât ouverte de onze heures à minuit, fit de l'opposition *in petto ;* mais il voulut avoir l'avis de Campra

pour sa propre satisfaction. — « Monseigneur,
« lui répondit ce compositeur, il y a, dans
« l'Opéra de Rameau, de l'étoffe pour en faire
« dix... Cet homme nous éclipsera tous. »

Malgré cette opinion favorable, que partageaient tous les vrais connaisseurs, les représentations d'*Hippolyte et Aricie* n'étaient point suivies, parce que le décri de la nouvelle musique dominait son éloge... La *majorité* jouait au bon droit un de ses tours ordinaires : elle lui donnait le dessous sur l'intrigue, dictant des lois à l'aveuglément ou au jugement paresseux. Dégoûté par ces coassements partis du fond de l'ornière ; étourdi du bruit des épigrammes, des Ponts-Neufs, des brochures, des pamphlets qui se succédaient avec rapidité pour ou contre son œuvre, Rameau dit à ses amis : « Je rentre dans mon orgue ;
« j'avais cru que mon goût pourrait réussir ;
« je me suis trompé ; je n'en ai point d'au-
« tre ; je ne ferai plus d'opéras. »

L'auteur d'*Hippolyte et Aricie* garda le silence

durant quatre années entières ; se faisant souffler, à Sainte-Croix-de-la-Bretonnerie, des *Magnificat* et des *Pange lingua*. « Mais, dit « l'auteur que nous venons de citer, les mu- « siciens et les poètes qui promettent de re- « noncer à leur art, ressemblent aux amou- « reux et aux ivrognes qui jurent de ne plus « aimer ou de ne plus boire. » Notre novateur poussait souvent, dans sa boîte harmonique, des soupirs que couvraient les sons émanant des gros tuyaux de l'orgue : soupirs profanes, dirigés vers les régions de l'Opéra. Il se fût volontiers aventuré sur cette mer où la plus violente bourrasque l'avait accueilli ; mais aucun poète ne le choisissait. Enfin, Rameau vit entrer chez lui un beau jeune homme, portant sous le bras un manuscrit roulé, dont les feuillets étaient liés proprement avec de la faveur rose. Le musicien tressallit : le rouleau lui apparaissait comme la colombe après le déluge.

— Monsieur, dit l'inconnu, on m'appelle

Bernard ; je suis secrétaire-général des dragons de France, et conservateur des livres de la bibiothèque du roi, à Choisy. A ce double titre j'ai quelque crédit dans le monde, quelques protecteurs à la cour, et passablement de connaissances à l'Opéra... Mademoiselle Le Maure, mademoiselle Chevalier, et même mademoiselle Camargo, toute réservée qu'elle se montre, au grand scandale de ses compagnes les danseuses, ont de la bienveillance pour moi : elles m'appellent même le *gentil Bernard*, ce dont je ne me prévauts pas, en vérité. De plus, les sieurs Le Comte et Thuret (1), directeurs de l'Opéra, m'ont quelques obligations ; et je suis, je crois, en bonne posture pour faire jouer une pièce. Maintenant

---

(1) Dumont et Francine, successeurs de Lully dans la direction de l'Opéra, avaient été remplacés, en 1728, par Destouches, surintendant de la musique du roi. Mis à la pension peu de temps après, ce compositeur dut céder son privilége à M. Gruer, qui ne le conserva que jusqu'en 1731. Lecomte et Thuret prirent la direction en 1733 et la gardèrent jusqu'en 1744.

vous saurez, monsieur Rameau, qu'en 1733, je reçus un coup d'épée à la plus grande gloire d'*Hippolyte et Aricie*, or, le sang des martyrs cimente la foi; et, pour vous prouver que je suis Ramiste fervent, je vous apporte *Castor et Pollux* à mettre en musique.

Rameau se montra très sensible à l'offre du futur auteur de l'*Art d'Aimer*. — Laissez-moi votre manuscrit, lui dit il; je vois, par l'expression de vos yeux, par la vivacité de votre accent, qu'il doit y avoir de grandes beautés dans une composition de vous, et le choix du sujet me plait déjà beaucoup. Revenez me voir dans huit jours, monsieur Bernard; j'aurai lu l'ouvrage, et je vous dirai si, comme je l'espère, nous pouvons nous entendre.

Le jeune écivain fut exact au rendez-vous; il trouva le musicien enchanté, ivre d'espérance. — Vous êtes monsieur, le poète selon mon goût, lui dit Rameau. Vous avez retrouvé ce feu sacré de Quinault, que Lully, n'en déplaise à ses admirateurs, étouffait souvent sous le poids de sa lourde mélodie... Et saisissant son violon, le compositeur se prit à réciter avec une animation véhémente :

Je jure par le Styx qu'une seconde aurore
Ne me trouvera pas sur les bords des mortels ;
Je ne veux que la voir et l'adorer encore ;
Puis je te rends le jour, ton trône et tes autels.

Après ce récitatif, qu'il avait lardé de quelques coups d'archet formidables, Rameau, les traits empourprés, l'œil étincelant comme la Sibylle de Cumes sur son trépied, s'écria d'une voix vibrante : A présent j'entre largement dans l'air héroïque... Partout des motifs superbes, monsieur, une mine d'harmonie où l'or pur se trouve à la superficie... Tout cela est sublime, jeune homme... Je chanterais, je crois, votre opéra tout entier en impromptu, tant j'en trouve les situations inspiratrices... Ah! monsieur, monsieur, nous aurons un succès ; nous ferons école, où les

Français ne sont que des Hurons pour juger la musique.

Il fut aisé à Rameau de faire partager à Bernard la confiance qu'il avait dans la réussite de leur opéra : jeunes, notre avenir se fleurit aisément de destinées prospères.

Les prévisions favorables du musicien et du poète se réalisèrent : l'opéra de *Castor et Pollux* obtint un succès d'enthousiasme. Le poème parut un modèle de conception ingénieuse et tendre, aussi propre à s'allier avec la musique qu'à lui fournir des moyens de développer toutes ses richesses. Des autorités littéraires que personne n'osa contredire, déclarèrent le plan finement conçu, l'intérêt vif et progressif, l'action sagement conduite ; ils trouvèrent surtout que les airs étaient bien amenés, les passions chaudement nuancées, quoique naturelles. Quant à la musique, elle se produisit avec un tel éclat, au jugement des dilettanti de l'époque, que les détracteurs de Rameau demeurèrent étourdis : leur stupéfaction fut si grande qu'ils ne purent songer à troubler le triomphe des auteurs. Mais la malveillance, quand elle est excitée par l'envie, ne se laisse pas longtemps intimider : dès le lendemain de la première représentation, elle trouva un biais pour décrier la partition nouvelle, et ce fut dans l'élévation et la fécondité de son génie qu'elle attaqua le musicien. Il y avait, dirent les critiques malveillans, trop de science dans cette œuvre, trop de difficultés imposées à l'exécution ; tout y paraissait trop recherché. Les faiseurs d'épigrammes se donnèrent carrière ; on répandit à profusion cette boutade :

>Contre la nouvelle musique
>Voilà ma dernière réplique :
> Si le difficile est beau,
>C'est un grand homme que Rameau.
>Mais si le beau, par aventure,
>N'était que la simple nature,
>Dont l'art doit être le tableau,
>C'est un pauvre homme que Rameau.

Tout cela ne persuada point les habitués

de l'Opéra ; ils prétendirent qu'ils avaient assez de *la simple nature*, et qu'ils n'étaient pas fâchés d'essayer d'une nature un peu coquette, un peu capricieuse. *Castor et Pollux*, sortis rayonnans de cette lutte, virent, dans la suite, consolider leur vogue par le chant admirable de Jeliote, par celui de mademoiselle Chevalier, par la danse aussi noble que gracieuse de mademoiselle Camargo : ce fut décidément un astre fixé dans le zénith de l'Opéra.

Dans les premiers temps de son triomphe, Bernard, le *gentil Bernard*, comme l'appelaient les dames qui avaient, en fait de *gentillesse*, une manière de voir libérale, joignit quelques tiges de myrte à ses lauriers : sous la protection de sa vogue, il mettait çà et là en pratique l'*Art d'Aimer*, afin d'en justifier la théorie ; tandis que Rameau, proclamé le roi de la musique française, en recevait le sceptre des mains mêmes de Destouches, Campra, Rebel, Francœur et Montéclair, le père de la contrebasse... Mais un compositeur Lulliste, nommé Mouret, ne put voir succomber son école sans perdre la raison ; il fallut le conduire à la maison des fous... Le pauvre homme, dans sa folie, personnifiant les notes de son heureux rival, voyait les double-croches, les dièzes et les bécares de Rameau danser devant lui un branle moqueur ; il les apostrophait, les appelait intrus, saltimbanques, sorciers... Puis, subissant lui-même le charme de cette musique nouvelle, il se prenait à chanter le chœur des Démons au quatrième acte de *Castor et Pollux*.

> Qu'au feu du tonnerre,
> Le feu des enfers
> Déclare la guerre.

Oui, s'écriait-il un matin dans la cour de Charenton, ils ont raison, c'est beau.. c'est de moi.. Eh! non, c'est de lui.. l'autre.. le diable.. Mais qu'entends-je... des cloches à l'orchestre... Oh! c'est trop fort... Et puis, ce Rameau me bat la mesure sur le front avec un marteau... Doucement, donc!... Un ballet d'arbres, à présent... Laval, mon cher Laval (1), de grâce, ne faites pas encore danser les charmilles, la musique de mon entrée n'est pas finie... Ah! vous voulez donc du bruit, messieurs les *Ramistes?* eh bien! je vous en ferai... J'ai mon idée... Il y aura désormais du canon à l'orchestre, et je travaille à un chœur de loups.... Nous verrons si les hurlements des choristes de Rameau soutiendront la comparaison.... En ce moment on vint chercher Mouret pour lui donner une douche.

Bientôt le nouveau roi de la musique, que les Lullistes obstinés traitaient d'usurpateur, consolida sa brillante renommée par des compositions qui ne valaient ni *Castor et Pollux*, ni *Hippolyte et Aricie;* toutefois, *Dardanus,* qu'il fit jouer en 1759, obtint un succès éclatant, et cette partition sur un poème de La

---

(1) Fameux maître de ballets du temps.

Bruère, d'une médiocre conception, assura définitivement à son auteur la conquête de l'empire lyrique. Pourtant les Lullistes, qui n'osaient plus se présenter en bataille rangée, faisaient une retraite agressive : de temps en temps quelques-uns de leurs projectiles venaient frapper le trône de Rameau. Jean-Baptiste Rousseau était resté l'un des chefs de ce parti ; il décocha, à la manière des Parthes, contre la musique de *Dardanus*, cette strophe d'une ode qu'il n'a pas terminée, ce me semble :

> Distillateurs d'accords baroques,
> Dont tant d'idiots sont férus,
> Chez les Thraces et les Iroques,
> Portez vos opéras bourrus.
> Malgré votre art hétérogène,
> Lully de la lyrique scène
> Est toujours l'unique soutien.
> Fuyez, laissez lui son partage,
> Et n'écorchez pas davantage
> Les oreilles des gens de bien.

Les ouvrages que Rameau fit paraître depuis

1759 n'offrirent jamais l'ensemble de perfection (toujours relativement au goût de l'époque) que l'on avait admiré dans *Castor* et *Dardanus*. Sa musique abondait toujours en passages que l'on trouvait alors puissans d'harmonie ; mais l'œuvre complète, l'œuvre qui se popularise, ne se reproduisit plus. Il donna successivement *les Fêtes d'Hébé*, *les Fêtes de Polymnie*, *les Fêtes de l'Hymen et de l'Amour*, *la Fête de Pamilie*... : toutes fêtes qui ne furent pas chomées avec beaucoup de ferveur par le public, quoique les saints de cette légende fussent assez de son goût.

Dans la première moitié du xviiie siècle, on aimait les *triomphes*, presque autant que nous aimons aujourd'hui les *mystères* : du temps de Rameau, l'on comptait, seulement à l'Opéra, quatre *Triomphes de l'Amour*, et, certes, le nombre était modéré, en raison de la vogue du triomphateur et des bonnes dispositions du lieu. Le célèbre compositeur essaya de faire *triompher* le Dieu malin (vieux style) une cinquième fois à l'Académie royale de Musique : la tentative ne fut pas heureuse ; il est vrai que Rameau avait adjoint l'hymen à son héros, et ce fut peut-être ce qui refroidit le public, qui depuis longtemps ne veut plus croire au triomphe de l'hymen. On jouait encore sur la scène lyrique *le Triomphe de la Raison :* les spectateurs grelottaient dans la salle. Venait ensuite le *Triomphe de l'Harmonie,* sujet local, dont Lefranc de Pompignan et le musicien Grenet, malgré tous leurs efforts, avaient fait mentir le titre. Le *Triomphe des Arts,* de La Motte et La Barre, eût réussi certainement, si les arts y eussent été *pour quelque chose.* Un Anglais assistait à la représentation de cet opéra, tandis que l'on donnait, à la foire Saint-Germain, le *Triomphe de l'Ignorance.* Dès les premières scènes, ce spectateur, ennuyé, se leva et sortit, en disant : Je me croyais à la pièce de l'Opéra ; mais je vois bien que je suis à celle de la foire. Sur deux théâtres, on représentait presque simultanément, *le Triomphe de la Paix*, *le Triomphe de l'Hiver*, *le Triomphe de l'Hymen*, qui ne manquait pas de rapport avec l'ouvrage précédent; *le Triomphe de Flore*, *le Triomphe de la Folie*, *le Triomphe d'Arlequin*, *le Triomphe des Dames*, pièce de Thomas Corneille, reprise à la Comédie-Française, et qui restera toujours au courant du répertoire sur le grand théâtre du monde; enfin, on jouait *le Triomphe de l'Intérêt*, *le Triomphe de Plutus* et *le Triomphe du Temps* dont personne ne songeait à contester la vraisemblance : ces triomphes là sont partout d'une vérité irréfragable. (1)

Lorsque tant de triomphes se projetaient avec plus ou moins de bonheur, il fallait bien que l'on bâtit des temples pour leur donner asile, et vous allez voir que l'époque n'était

---

(1) Cette nomenclature de compositions théâtrales n'est point faite à plaisir; voyez les recueils du temps et particulièrement celui intitulé *Anecdotes Dramatiques*, etc.

pas au dépourvu. Elle possédait *le Temple de Gnide*, *le Temple de l'Hymen*, *le Temple de la Paix*, *le Temple du Destin*, *le Temple de Momus*; puis *le Temple de la Vérité*, souvent désert ; *le Temple du Goût*, rarement visité ; *le Temple de l'Ennui*, qui l'était fréquemment ; *le Temple du Sommeil*, contigu au précédent ; *le Temple de Mémoire*, auquel peu de gens parvenaient ; enfin *le Temple des Chimères*, où la foule abondait. (1)

Rameau ne pouvait pas demeurer étranger aux *Temples* plus qu'il ne l'avait été aux *Triomphes* : ce fut *le Temple de la Gloire* qu'il se proposa de bâtir à la manière d'Amphion, espé-

(1) Même observation que pour les triomphes: le temple de Gnide était de Belis et Roy, musique de Mouret; le temple de la Paix était de Quinault et Lully; le temple du Destin de Bailly, le temple de Momus de Fleury, le temple de la Vérité de Romagnesy, le temple du Goût de Romagnesy et Nivan, le temple de l'Ennui de Lesage et Fuzelier, le temple du Sommeil de Pannard et Fagan, le temple de Mémoire de Lesage, Fuzelier et Dorneval, enfin le temple des Chimères du président Henault, musique du duc de Nivernais.

rant bien s'y loger en seigneur souverain ; car l'architecte dont il suivit le plan pour cette édification, n'était rien moins que Voltaire... Malgré le concours de ces deux génies, l'édifice ne plut point. Après l'une des premières représentations, le grand écrivain demandait à l'abbé de Voisenon s'il avait vu *le Temple de la Gloire*... « J'y ai été, répondit l'abbé ; elle
« n'y était pas ; je me suis fait écrire. »

A propos de cet opéra, l'on peut faire honneur à Voltaire du seul acte de modestie, peut-être, qui ait émané de lui : dans une lettre qu'il écrivit à un ami après avoir vu le peu de succès du *Temple de la Gloire*, il disait : « J'ai
« fait une grande sottise de composer un
« opéra ; mais l'envie de travailler pour un
« homme comme Rameau, m'avait emporté :
« je ne songeais qu'à son génie, et ne m'a-
« percevais pas que le mien, si tant est que
« j'en aie un, n'est point fait du tout pour le
« genre lyrique. Aussi je lui mandais, il y a
« quelque temps, que j'aurais plutôt fait un

« poème épique que je n'aurais rempli des
« canevas. Ce n'est pas assurément que je mé-
« prise ce genre d'ouvrage : il n'y en a aucun
« de méprisable ; mais c'est un talent qui, je
« crois, me manque entièrement. »

Pendant qu'on multipliait à l'Opéra les triomphes et les temples, il survint un incident qui fit subitement échec à tout cet appareil héroïque. Quoique Rameau n'eût pas composé, depuis 1739, un opéra de la valeur de *Dardanus*, sa gloire était, pour une immense majorité, en 1752, un article de foi : l'auteur de *Castor* était décidément un Orphée.

« Dans le pays des illusions, a dit un écri-
« vain moderne, il n'est pas rare de voir un
« magicien terrible tomber sous le charme
« d'une fée aimable et séduisante. Des chan-
« teurs, venus d'Italie, se font entendre, et
« le prestige est dissipé. La pureté des com-
« positions qu'ils exécutent, des accords mé-
« lodieux et simples, des traits dont l'élé-

« gance égale la suavité, font un contraste
« piquant avec la lourde psalmodie du réci-
« tatif, les airs bizarres et emphatiques
« de Rameau et des hurlements de ses
« chœurs. » (1)

Sans porter aussi loin que l'auteur de ce passage le mépris pour la musique de Rameau, qui s'était surtout inspiré de l'école italienne, il faut avouer que les Bouffons, en faisant entendre les chefs-d'œuvre des grands-maîtres de leur pays, firent pâlir terriblement la musique franco-italienne, et achevèrent d'anéantir celle de Lully. La *Serva Padrona* de Pergolèze; *il Puratagio*, de Jomelli; *i Viaggiatori*, de Léo, conquirent un grand nombre de dilettanti. Alors les Lullistes, expirans, et les Ramistes, cruellement blessés, se réunirent sous la bannière de l'art national : cette coalition, comparable à celle des répu-

---

(1) De *l'Opéra en France*, par Castil Blaze, t. 1, page 15.

blicains et des légitimistes pour former une majorité contre un candidat ministériel, l'emporta par l'autorité des masses : les Italiens, qui avaient eu l'autorisation de donner des représentations sur le théâtre de l'Opéra, en furent expulsés. « Mais le coup était porté,
« continue l'auteur de *l'Opéra en France*, et
« les palmes de la victoire ne purent sauver
« la psalmodie française de l'atteinte qu'elle
« venait de recevoir. Les amateurs de la belle
« musique, les gens de goût, qui avaient en-
« tendu Galoppi, Léo, Pergolèze, Jomelli,
« en conservaient le délicieux souvenir. » Il ne dépendit pas de J.-J. Rousseau, ce puissant dialecticien, que, dès lors, la musique italienne pure ne fut accueillie en France : il prouva, par un raisonnement auquel on ne répondit que par des injures, que cette mélodie était la seule qui pût offrir au drame lyrique toutes les ressources qui en font le charme. Sans doute, de nos jours, il faudrait attacher plus de prix aux inspirations des compositeurs

français : on peut le dire, sans risquer d'être contredit, si ce n'est par la prévention ultramontaine, les partitions de nos opéras sont plus empreintes d'intentions dramatiques que la plupart des compositions italiennes modernes, dans lesquelles la passion musicale absorbe toutes les autres passions... Les rois de la musique théâtrale, ce sont les Allemands : Rossini enchante ; Meyer-Berr touche, pénètre, provoque le frémissement.

Mais lorsque J.-J. Rousseau se faisait le champion de la mélodie italienne, il avait raison : Lully, ses successeurs et après eux Rameau, trop oublieux des principes qui venaient de l'Italie, s'étaient préoccupés avant tout d'une imitation de la nature qu'ils obtenaient, sans doute, mais le plus souvent forcée, gigantesque, et faisant hurler la musique. Sous ce dernier rapport, Rameau avait osé beaucoup en altérant la pureté des types italiens, en négligeant leurs grâces, en substituant le bruit à leurs accords savants. Le goût des vrais connaisseurs ne s'y était point trompé pendant le séjour des bouffons à Paris; on les regretta, même sans avoir lu les savants plaidoyers de Rousseau.

Un écrivain appelé Baurans, comprit qu'il y aurait des succès à obtenir, en se faisant l'écho des sons mélodieux restés dans le souvenir des dilettanti du temps. On lit dans un mémoire publié au milieu du XVIII siècle : « Baurans choisit un des chefs-d'œuvres de la musique italienne, la *Serva-padrona* de Pergolèze, et composa des paroles françaises, auxquelles il adapta le chant du maître italien. Sa timidité lui fit garder long-temps le secret ; il ne fit part de son projet qu'à quelques amis. L'excellente actrice (madame Favart) qui devait être si souvent applaudie dans cette pièce, le força de lui communiquer son ouvrage, l'encouragea et se chargea du succès. Il fut complet; le public y courut en foule. Le nombre prodigieux de représentations qu'eut ce drame, l'éclat avec lequel il se soutint, annoncèrent une révolution prochaine dans notre musique. Malgré le préjugé national, les Ariettes de Pergolèze furent chantées à la cour et à la ville ; une espèce de délire s'empara des Français pour les airs de la *Servante-Maîtresse*. Baurans, encouragé par cet heureux essai, en tenta un autre : *le Maître de musique* ne fut pas moins bien accueilli ; et le concours des spectateurs engagea plusieurs écrivains à imiter Baurans. Presque tous réussirent ; mais avec moins d'éclat que l'auteur de la *Servante-Maîtresse* française.

Cette vogue du genre ultramontain, que personne n'osa plus contester, fut le signal d'une réforme parmi les compositeurs français ; à partir de cette époque (1754) ils travaillèrent autant qu'ils purent dans le goût italien... Plus jeune Rameau, eût marché loin dans cette route nouvelle, où sa muse n'était point étrangère ; mais il dépassait de beaucoup la soixantaine : « Je vois de belles pal-

« mes à cueillir, disait-il à ses amis; mais je ne
« puis m'élever jusqu'à elles. J'ai peut-être
« plus de goût qu'autrefois; je n'ai plus le
« même génie.

Je le répète, madame Favart était pour beaucoup dans le succès éclatant de la *Servante-Maîtresse;* lorsque la pièce fut imprimée, Baurans la lui dédia et en la lui envoyant, y joignit ce quatrain :

> Nature un jour épousa l'Art ;
> De leur amour naquit Favart,
> Qui semble tenir de sa mère,
> Tout ce qu'elle doit à son père.

Ce que je viens de vous raconter de la vogue des opéras italiens ou de leurs imitations, fut un immense échec pour la sublime Académie de Musique. Ces pièces étaient jouées sur le théâtre dit de l'Opéra-Comique qui, par le seul fait de son existence, rompait déjà en visière à sa noble sœur; quelle fut donc l'anxiété de cette dernière quand la vogue du spectacle secondaire se signala, chaque jour de représentation, par de nombreuses places vides dans la salle du Palais-Royal.

Depuis long-temps déjà l'Opéra-Comique incommodait le Grand-Opéra : l'administration du théâtre Royal regrettait amèrement de lui avoir permis, par une transaction, de jouer certaines pièces mises en vaudevilles mêlés de prose et accompagnés de danses. Le petit spectacle, avec des auteurs aussi spirituels que Le Sage, Pannard, Legrand, Favart, Piron, Fuzelier et Dorneval, devint souvent fort piquant à l'endroit de l'Académie, dont il épiloguait en riant les bévues et parodiait les chefs-d'œuvre avec facilité, parce que rien ne prête plus au ridicule que le sublime. Par exemple Fuzelier avait porté à *l'Alcyone* de Marais un coup d'épingle quasi mortel par le trait suivant, dans *la Rupture du Carnaval et de la Folie :* Psyché vient de s'évanouir ; Momus se prend à chanter :

> Que vois-je, de ses sens
> Elle a perdu l'usage.

L'Amour répond : « Fort bien, allez-vous,
» à l'exemple de Pelée, Psalmodier deux heu-
» res aux oreilles d'une femme évanouie. Ces
» héros d'Opéra prennent, je crois, leurs chan-
» sons pour de l'eau de la reine d'Hongrie. »

Cette même pièce offrait une critique piquante des auteurs qui, dans le temps de sa représentation, se proposaient de mettre du bon sens et de la raison dans les opéras :
« Un opéra raisonnable, dit un des person-
» nages du vaudeville, c'est un corbeau blanc,
» un bel esprit silencieux, un Normand sin-
» cère, un Gascon modeste, un procureur
» désintéressé, un petit maître constant et un
» musicien sobre. »

Souvent, par un simple sobriquet, la scène foraine portait un coup terrible au Théâtre Royal ou à ses premiers sujets. Pecourt, maître de ballets célèbre, fut accueilli un jour par des rires moqueurs, parceque, dans une pièce de la foire, on l'avait parodié sous le nom de *Galoche.*

Après ces divers griefs, dont je vous ai seulement offert un échantillon, le Grand-Opéra en voulait beaucoup à l'Opéra-Comique; on appelait aussi ce théâtre *Les Italiens*, parceque la troupe qui l'occupait avait succédé à celle venue d'Italie; (1) mais ce fut bien pis quand il s'avisa de devenir sérieux, et chanta de la musique ultramontaine. Cependant, les directeurs de l'Académie royale de Musique étaient obligés de souffrir ce qu'ils avaient en quelque sorte autorisé : le genre vaudeville et le genre opéra ne pouvaient être assez nettement définis pour qu'un procès pût être intenté au petit théâtre par le grand; et la chicane du temps n'était pas encore assez subtile pour inventer les procès de tendance, à propos des quolibets dont le spectacle forain lardait la gloire du superbe Opéra. Celui-ci imagina quelque chose de mieux; ce fut d'attirer à

(1) Il y avait eu d'abord deux théâtres distincts; l'Opéra-Comique et les Italiens; ils se réunirent ensuite sous le premier de ces noms.

lui les sujets qui faisaient recette, comme on dirait aujourd'hui, au petit théâtre. Ainsi, mademoiselle Camille, jeune et charmante danseuse, entra au théâtre du Palais-Royal. Elle avait débuté, encore enfant, dans une pièce de Pannard, à la plus grande satisfaction du public ; et l'auteur avait composé en son honneur ce madrigal, à la manière de Benserade :

Objet de nos désirs, dans l'âge le plus tendre,
Camille, ne peut-on vous voir ou vous entendre,
Sans éprouver les maux que l'amour fait souffrir ;
 Trop jeune à la fois et trop belle,
En nous charmant sitôt, que vous êtes cruelle...
Attendez, pour blesser, que vous puissiez guérir.

Mademoiselle Sallé, danseuse célèbre par son talent et, ce qui est digne de remarque, par la régularité de sa conduite, passa, à peu près dans le même temps, de l'Opéra-Comique à l'Académie royale de Musique, où, durant une assez longue suite d'années elle fit les délices du public. « Cette danseuse, disaient les auteurs du Mercure, dirige de telle sorte ses mouvements que le spectateur, enchanté, y voit toujours un tableau fini. Mademoiselle Sallé sait même enrichir le dessin du poète par des actions épisodiques entièrement de son invention. Dans la passacaille de l'Europe galante, cette danseuse paraît au milieu de ses rivales avec les grâces et les désirs d'une jeune odalisque qui brûle de posséder le cœur de son maître. Sa danse est formée de toutes les jolies attitudes qui peuvent peindre une pareille passion ; elle l'anime par degrés ; on lit dans ses expressions une suite de sentiments : on la voit flottant tour-à-tour entre la crainte et l'espérance ; mais au moment où le sultan donne le mouchoir à la sultane favorite, le visage de l'odalisque, ses regards, tout son maintien prennent rapidement une forme nouvelle... Elle s'arrache du théâtre avec cette espèce de désespoir des âmes vives et tendres, qui ne s'exprime que par un excès d'accablement. »

Cette sorte de compte-rendu, qui remonte

à l'année 1736 ou 1737, sert à fixer l'époque à laquelle le jeu des danseurs commença à prendre un caractère dramatique. C'est l'origine de ce que l'on a depuis appelé le *Ballet-d'action;* mademoiselle Sallé laissa des traditions aux Vestris, aux Gardel, pour aller plus loin qu'elle n'avait pu le faire dans la pantomime improvisée. Les Miller, les Clotilde, les Bigottini, et, plus tard, les Montessu, les Taglioni, les Carlotta Grisi, ces charmantes interprètes du silence, ces délicieuses comédiennes qui ont fait au théâtre de la poésie admirable sans le secours des poètes, ont pu trouver, dans les fastes de l'Opéra, au commencement du xviiie siècle, les témoignages d'un talent qui avait devancé le leur de cinquante ans. Je parlerai ailleurs de la manière dont se composent et se jouent aujourd'hui les ballets-d'action sur la scène de l'Académie royale de Musique ; puis j'essaierai de décider si l'habile disposition du sujet, la marche de l'action, le choix des situations, n'ont pas été remplacés par la magie du spectacle ; et si d'éblouissantes, mais insignifiantes idéalités, n'ont pas été trop souvent substituées à l'expression des sentiments.

Mademoiselle Sallé qui, par ses mœurs, mérita autant d'estime que son talent lui valut d'admiration, fit peu de prosélytes sous ce rapport, dans ces essaims de beautés que, par une impertinente ellipse, les courtisans de Versailles appelaient le *Magasin :* peu de demoiselles d'opéra purent s'appliquer, au xviiie siècle, ce madrigal composé par Voltaire à la gloire de mademoiselle Sallé :

De tous les cœurs et du sien la maîtresse,
Elle allûma des feux qui lui sont inconnus.
De Diane c'est la prêtresse,
Dansant sous les traits de Vénus.

Malgré ce certificat du grand écrivain, la *Vierge* de l'Opéra ne fut pas exempte de calomnies : ses camarades, furieuses de la voir belle et sage tout à la fois, ce qui leur paraissait une monstrueuse anomalie, lui prêtèrent le vice qui jadis avait failli faire périr mademoiselle Maupin sur un bûcher, après l'enlèvement d'une religieuse : la chronique secrète du temps nomma même une jeune danseuse appelée *Grognet*, comme participante à un attentat qui ne tendrait à rien moins qu'à la dépopulation de l'univers. Mais l'excellente renommée de mademoiselle Sallé couvrit les insinuations perfides ; et nous tenons trop à ce qu'on puisse citer une chasteté ayant passé dans les régions de l'Opéra, sans y laisser tomber une faiblesse, pour ne pas soutenir que mademoiselle Sallé fut calomniée.

L'Opéra attira aussi à lui mademoiselle de Lisle, autre danseuse de l'Opéra-Comique, que nous ne pouvons, en conscience, louer au même titre que mademoiselle Sallé. On eût pu croire, au contraire, que cette actrice s'efforçait d'établir une compensation en faveur des mœurs ordinaires de l'Opéra, en acceptant toutes les aventures que sa chaste camarade refusait. Mademoiselle de Lisle était une gracieuse créature, une jeune fille à la physionomie mutine, qu'on ne pouvait citer pour sa beauté, mais qu'une délicieuse fraîcheur rendait jolie, malgré l'irrégularité de ses traits... Cette fraîcheur, comme celle de toutes les fleurs, fut, hélas! bien passagère... Pouvait-il en être autrement sous le soleil brûlant de l'Opéra!...

Concluons : malgré les recrues dont l'Académie royale de Musique avait appauvri l'Opéra-Comique, l'actrice Favart et l'acteur Rochard avaient, en 1754, fixé la vogue sur le second de ces théâtres, au préjudice du premier. De plus, le goût de la mélodie ultramontaine dominait dans le public; les compositeurs français comprirent qu'ils ne pouvaient aspirer à des succès qu'en épousant cette révolution de l'art; et dès lors ils adoptèrent cette proportion d'*italiénisme*, dont Piccini devait marquer un jour l'apogée, puis en tomber, frappé des foudres germaniques de Gluck.

FIN DU PREMIER VOLUME.

www.ingramcontent.com/pod-product-compliance
Lightning Source LLC
Chambersburg PA
CBHW070856170426
43202CB00012B/2090